경북의 종가문화 9

낙중 지역 강안학을 열다,
성주 한강 정구 종가

경북의 종가문화 9

낙중 지역 강안학을 열다,
성주 한강 정구 종가

기획 | 경상북도·경북대학교 영남문화연구원
지은이 | 김학수
펴낸이 | 오정혜
펴낸곳 | 예문서원

편집 | 유미희
디자인 | 김세연
인쇄 및 제본 | 주) 상지사 P&B

초판 1쇄 | 2011년 12월 23일

주소 | 서울시 성북구 안암동 4가 41-10 건양빌딩 4층
출판등록 | 1993. 1. 7 제6-0130호
전화 | 925-5914 / 팩스 | 929-2285
홈페이지 | http://www.yemoon.com
이메일 | yemoonsw@empas.com

ISBN 978-89-7646-277-0 04980
ISBN 978-89-7646-268-8(전10권)
ⓒ 경상북도 *2011 Printed in Seoul, Korea*

값 14,000원

경북의 종가문화 9

낙중 지역 강안학을 열다,
성주 한강 정구 종가

김학수 지음

예문서원

지은이의 말

　문치文治의 나라인 조선에서 학인學人으로 살아갈 수 있다는 것은 대단한 행운이다. 거기에 어떤 지위가 보태지고 명예까지 더해졌다면 그 삶은 분명 축복이다. 이 점에서 한강 정구의 삶은 행운을 넘어 축복이었다.

　그는 뭐 하나 부족한 것이 없는 사람이었다. 대대로 나라의 녹을 먹는 집안에서 태어났기에 문벌이 남에게 뒤질 리 없었고, 남명南冥과 퇴계退溪의 문하에서 사랑을 받았으니 학벌 또한 단연 으뜸이었다. 여기에 호학의 천성과 발군의 자질까지 갖추었으니 그는 분명 그 시대가 선망하는 지식인의 표본이었다.

　어찌 보면 한강은 참 까다로운 사람이었다. 음식은 가려 들었고 잠자리는 정갈해야 했다. 예의와 범절 또한 매우 중시한 탓에 그의 앞에서는 말 한마디 행동 하나하나를 삼가야 했다. 이뿐만이 아니었다. 그는 일생 원칙을 중시하며 의로운 삶을 지향했고, 불의에 대해서는 조금도 타협하지 않는 강인한 대장부의 기질이 있었다. 이러한 기호와 성품의 내면에는 '우리 집안은 본디 서울 사람'이라는 어떤 우월감과 경의를 숭상하던 남명학의 요소가 혼재되어 있었다.

동시에 한강은 효성스러운 아들, 인정스러운 친구, 덕스러운 스승, 다음 시대의 학계를 미리 내다보는 선각의 모습을 아울러 지니고 있었다. 한여름 무더위에 온몸이 땀으로 흠뻑 젖어도 반듯하게 앉아 강의에 열중하는 모습에서는 학문에 대한 무서운 열정과 진지함이 묻어났고, 퇴계 선생의 저술을 차곡차곡 정리하는 손길에는 스승의 덕행과 학문을 이어 가려는 경건함이 배어 있었다.

그랬다. 한강은 남명으로부터는 산처럼 우뚝한 기상과 정신을, 퇴계로부터는 바다처럼 드넓은 덕성과 학문을 배워 자신을 완성시켰던 것이다. 그리고 그것은 자신의 당대는 물론 후세에 이르기까지 강한 생명력을 가지고 자손들을 비롯한 조선 사람들의 삶을 파고들었다.

성주 갓말의 한강종가는 한강이 남긴 학자·관료 그리고 시대를 선도했던 지식인으로서의 흔적과 자취가 가장 잘 남아 있는 곳이고, 이 책은 종가의 역사와 수백 년 동안 이곳에 살아왔던 종가 사람들의 삶의 이야기를 담은 것이다.

훌륭한 조상을 둔다는 것은 자랑이자 부담이다. 가문이라는 창을 통해 개인을 바라보고, 또 위치 짓기를 좋아했던 전통시대에는 한강종가 사람이라는 것 자체가 하나의 기득권이었을 것이다. 어디를 가든 윗자리를 차지하고, 쟁쟁한 집안에서 서로 혼인을 하려고 안달이었을 것이며, 향교나 서원에 헌관으로 가는 것은 일상사였을 것이다. 하지만 한강종가 사람들은 평생을 한강의 후손(Junior)으로 살아야 했고, 그런 혈통적 감투는 무려 18대 동안 변치 않고 이어져 오고 있다. 이 과정에서 종가 사람들은 때로는 영광을, 때로는 묵직한 부담을 느끼면서도 집안의 전통을 지키며 그들만의 가풍을 이어 왔는데, 이것이 바로 명가의 저력이다.

글을 되도록 쉽고, 재미있고, 유익하게 쓰려고 했지만 뜻대로 되지 않았다. 무엇보다 사실에 오류가 있거나 내용을 곡해하여 혹여 이 책이 한강이나 한강종가 사람들에게 누가 되지 않을까 두려울 뿐이다.

마지막으로 이 책을 집필할 수 있도록 배려해 주신 경상북도, 그리고 책을 쓰는 동안 많은 자료를 수집하여 제공해 준 경북대학교 영남문화연구원 종가연구팀에게 감사의 마음을 전한다.

2011년 7월
김학수 씀

차례

지은이의 말 _ 5

제1장 입지 조건과 형성 과정_ 10
    1. 입지 조건: 자연환경 _ 12
    2. 입향 _ 15
    3. 유교문화경관 _ 25
    4. 한강가 사람들 _ 70

제2장 종가의 역사_ 82
    1. 불천위 행적과 역사적 의미: 한강 _ 84
    2. 종가 계승 인물의 행적 _ 114
    3. 종가 소장 문헌과 유물 _ 124

제3장 종가의 제례와 음식 _ 128

 1. 한강종가의 제례 _ 130

 2. 종가의 가전 음식 _ 146

제4장 종가의 건축문화 _ 148

 1. 한강종택 안채 _ 154

 2. 한강종택 사랑채 _ 156

 3. 한강종택 사당 _ 158

제5장 종가의 일상과 가풍 _ 162

 1. 종가의 일상: 종부의 삶 _ 164

 2. 종가의 가풍: 과거에서 현재까지 _ 175

제1장 입지 조건과 형성 과정

1. 입지 조건: 자연환경

　　조선시대 양반들이 가장 선호한 터는 경제적 조건인 생리生利와 문화적 조건인 산수山水가 잘 조화를 이룬 곳이었다. 여기에 인후仁厚한 인심까지 보태진다면 천하에 그보다 더 복된 땅은 없었다. 이중환李重煥(1690~1752)이 『택리지擇里志』에서 말한 가거지可居地(살 만한 곳)란 바로 이런 곳을 두고 한 표현이었다. 양반들이 주거지를 고를 때 이런 조건이 갖춰진 곳을 꼼꼼히 따진 것은 이들에게 주거는 생활의 터전인 동시에 수양의 공간이었기 때문이다. 양반들의 가거지에는 현조顯祖를 모시는 종가가 있고, 여기서 조금 떨어진 곳에는 학문과 휴양의 공간으로서 정자나 서당이 있게 마련이다. 그리고 그 서당은 다시 사우祠宇나 서원으로 발전하여

지역문화의 중심으로서 새로운 역할과 기능을 부여받게 된다.

청주정씨 한강종가가 있는 갖말이 바로 이런 곳이다. 갖말은 창평산蒼坪山을 주산으로 하고 거문봉을 안산으로 하여 입지하고 있으며, 마을 서쪽으로 대가천大伽川이 북서에서 남동쪽으로 휘감아 흐른다. 전형적인 배산임수의 입지를 갖추고 있는 마을의 중심에 한강종가가 있다. 마을의 이름인 '갖말'은 나무(가지: 枝)를 기르는 산자락에 있는 마을이라는 뜻인데, 한자로는 지촌枝村이라 한다. 비록 갖말은 이중환이 『택리지』에서 꼽은 계거溪居의 전형도 아니었고, 한강 문인 이언영李彦英(1568~1639)이 논한 성주의 5명기名基(伽川·沙洞·上枝·楡谷·吾道宗村)에도 들지 못했다. 그러나 오른쪽으로 멀리 가야산이 바라보이는 전망, 평탄하고 양지바른 지세, 산과 물이 조화를 이루어 빚어낸 주변의 아름다운 경관은 한 가문의 백세터전으로서 조금도 손색이 없는 조건을 갖추고 있다.

청주정씨 한강 가문의 세거지 갖말 주위를 휘감아 흐르는 대가천(회연서원 부근)

한강대에서 바라본 대가천

2. 입향

1) 한강 가문의 연혁

한강종가의 종조宗祖는 한강 정구鄭逑(1543~1620)이고, 그의 관향은 충청도 청주清州였다. 청주의 옛 이름이 서원西原이었기 때문에 족보나 문집 등에서는 더러 서원이란 별칭을 사용하기도 했다. 한강은 성주에서 태어나고 성장하였지만 본디 그의 집안은 서울에 터전을 둔 전형적인 경화사대부京華士大夫였다.

고려 중기에 중랑장中郎將을 지낸 정극경鄭克卿을 시조로 하는 청주정씨의 한 지파가 영남과 인연을 맺은 것은 한강의 조부 정응상鄭應祥(1476~1520) 대였다. 서울의 사환 가문에서 태어나 사헌

부감찰을 지낸 정응상이 김종직의 문인이자 소학동자小學童子로도 잘 알려진 명유 김굉필金宏弼(1454~1504)의 사위가 된 것이 그 계기가 되었다.

청주정씨는 무반으로 발신하여 점차 문반으로 도약, 발전한 집안이었다. 정극경과 그 아들 정효문鄭孝聞은 각기 중랑장과 별장이라는 중하급 무관직을 지냈지만 손자 정의鄭顗 대에 이르면 무반의 중진으로 등장하게 된다. 지조와 절개가 굳고 의리가 투철하여 열사의 풍도를 지닌 인물로 일컬어진 정의는 크고 작은 반란을 진압하는 데 공을 세워 벼슬이 대장군에 이르렀으며, 의관과 안마鞍馬를 하사받는 등 왕으로부터의 신임도 매우 두터웠다. 비록 그는 1233년(고종 20)에 필현보畢賢甫·홍복원洪福源 등이 평양에서 반란을 일으켰을 때 선유宣諭의 임무를 수행하다 화를 당했지만 그의 비장한 삶은 청주정씨 일문이 고려 귀족사회에서 지배층으로 도약하는 발판이 되었다.

이런 바탕 위에서 그의 아들 정현鄭儇 대에 이르면 문호가 비약적으로 성장하는데, 감찰어사를 지낸 정현은 당대 최고의 석학이었던 목은牧隱 이색李穡(1328~1396)이 전기傳記를 지을 정도로 사회적 지위가 높았다. 뿐만 아니라 아들 정해鄭瑎는 뛰어난 학식과 문장을 통해 문과에 합격했고, 유순하고 관대한 성품, 탁월한 리더십을 바탕으로 재상에 올라 한 나라의 정무를 총괄했다. 이제 청주정씨는 한 시대가 주목하는 명망 가문으로 도약하게 된 것이다. 가격家格의 상승은 혼반에도 그대로 반영되어 아들 정책鄭頙은 정승 상락군上洛君 문영공文英公 김순金恂의 사위가 되었는데, 김순은 삼별초의 난을 정벌한 영웅 김방경金方慶(1212~1300)의 아들이었다.

이 혼인을 통해 정책은 당시 고려 지성계의 대표적 존재였던 상당군上黨君 백이정과 동서간의 척분을 지니게 되었다. 성품이 호방하고 관료로서의 재능이 탁월했던 그는 충숙왕과 정치적 운명을 같이했고 마침내 1327년 청하군淸河君에 봉군되는 은전을 입게 되는데, 이는 청주정씨의 득성 이래 최초의 봉군이었다.

한편 청주정씨는 정책의 아들 대에서 장자 정오鄭䫨 계열의 설헌파雪軒派, 차자 정포鄭誧(1309~1345) 계열의 설곡파雪谷派로 나뉘게 된다. 이 중에서도 한강 가문의 선대인 설곡파의 번창이 더욱 두드러졌다.

최해崔瀣(1287~1340)의 문인이었던 정포는 1326년(충숙왕 13) 과거에 급제하여 충숙왕의 신임을 받았고, 성품이 강직했던 그는 충혜왕 때 좌사간대부左司諫大夫로 있으면서 당시의 잘못된 정치를 바로잡고자 상소를 올리기도 했다. 비록 그는 이 상소로 인해 울주蔚州(지금의 울산)로 유배되는 시련을 겪기도 했지만 유배 중에도 태연자약하여 활달한 장부의 기질을 잃지 않았다고 한다. 이후 그는 해배되어 원나라로 들어가 정치적 재기를 도모하였으나 아쉽게도 37세의 나이로 사망하였다.

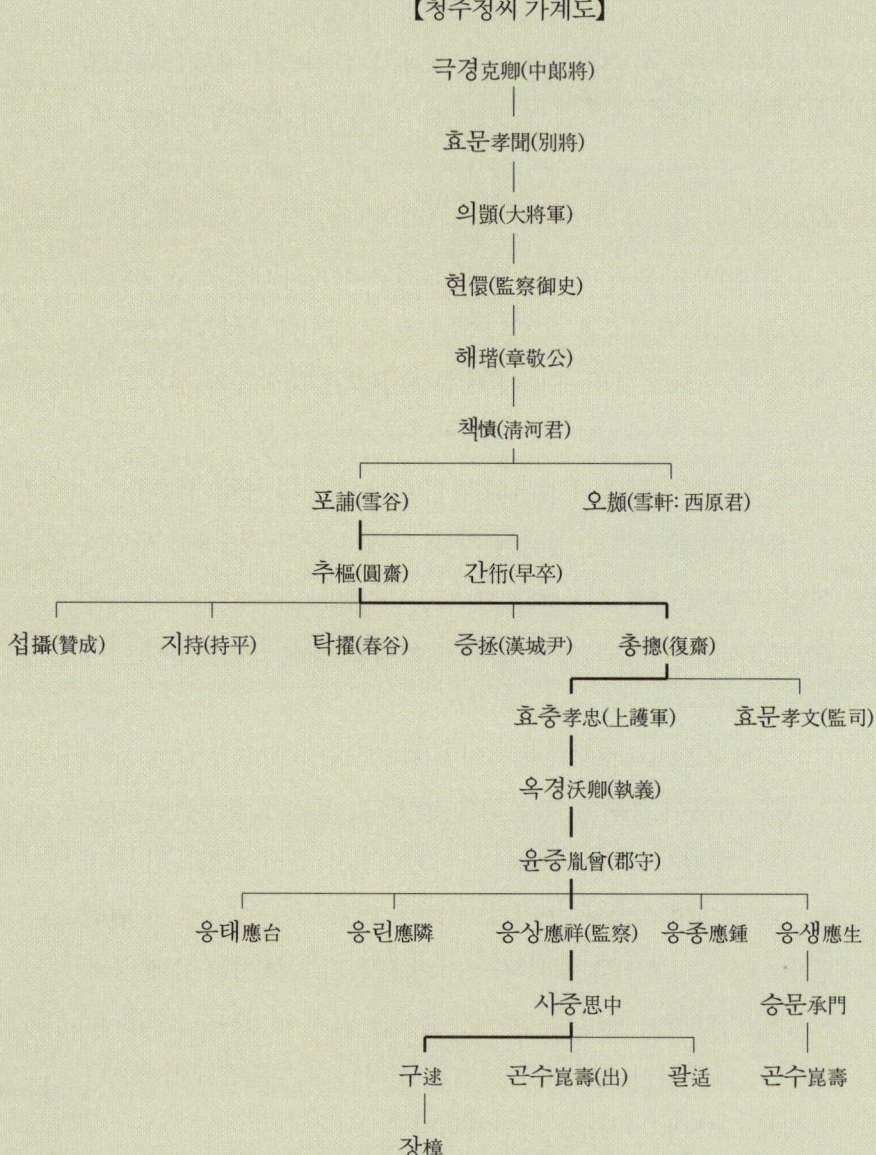

정포는 비록 단명하였지만 문벌가문으로서의 전통은 아들 정추鄭樞(1333~1382)를 통해 면면히 계승되었다. 1353년(공민왕 2) 문과에 급제한 정추는 예문검열, 좌사의대부를 거쳐 1366년에 이존오李存吾(1341~1371)와 함께 신돈辛旽을 탄핵하였고, 1371년에는 좌간의대부左諫議大夫를 지냈다. 이후 그는 성균관대사성을 거쳐 우왕이 즉위하자 좌대언·첨서밀직사사簽書密直司事, 정당문학政堂文學을 거쳐 수성익조공신輸誠翊祚功臣에 올랐다. 그는 성품이 공검하고 근후하여 관직에 있을 때 항상 정도를 행하였다고 한다. 문집으로 『원재집圓齋集』이 있으며, 시호는 문간文簡이다.

이런 흐름 속에서 청주정씨의 가격을 한 단계 더 격상시킨 인물은 정추의 아들 정총鄭摠(1358~1397)과 정탁鄭擢(1363~1423)이었다. 정추의 장자였던 정총(1358~1397)은 1376년(우왕 2) 문과에 장원 급제하여 검열檢閱·대간大諫·응교應教·사예司藝·대호군大護軍을 거쳐 1389년(공양왕 1) 병조판서에 승진되었으며, 1391년에는 정당문학에 이르렀다. 당시 중국에 보낸 표전문表箋文의 대부분은 그가 지은 것으로 탁월한 문장력의 소유자이기도 했다.

특히 그는 조선 개국에 참여하여 개국공신 1등에 책훈되어 서원군西原君에 봉해졌고, 예문춘추관 태학사로서 정도전鄭道傳과 더불어 『고려사高麗史』의 편찬을 주도하는 등 국초의 문물제도 정비에도 크게 이바지했다. 그는 1395년 태조의 고명誥命과 인신印信을 청하러 명나라에 사신으로 갔다가 표전문이 불손하다는 이유로 대리위大理衛에 유배 도중 죽음을 맞게 된다. 그러나 그가 보여 준 관료·학자로서의 면모는 후일 한강을 비롯한 자손들이 정치, 사회, 학문적으로 성장하는 밑거름이 되었다.

앞에서 살펴본 바와 같이 정현의 아들 정해鄭瑎에서부터 현손 정총鄭摠·정증鄭拯·정탁鄭擢·정지鄭持·정섭鄭攝 형제 대에 이르는 5대 동안에 보여 준 활약상은 이 시기가 청주정씨의 전성기라 해도 과언이 아닐 만큼 눈부신 것이었다. 그리고 그것은 단순히 벼슬상의 현달이 아니라 도덕·문장·절의·학문을 통한 문호의 신장이라는 점에서 조선왕조가 추구하는 가치에도 부합되는 것이었다.

2) 성주 입향의 유래

정총의 맏아들 정효문鄭孝文이 강원감사, 작은 아들 정효충鄭孝忠(?~1453)이 상호군, 정효충의 아들 정옥경鄭沃卿(1416~1468)이 집의, 손자 정윤증鄭胤曾(1436~1500)이 군수를 지낸 것으로 보아 정총 이후에 청주정씨의 벼슬길이 다소 침체된 것은 사실이다. 하지만 서울에 기반을 둔 조선 개국공신開國功臣의 후손이라는 점에서 사회적 기반만큼은 탄탄하였다. 한강의 조부 정응상鄭應祥(1476~1520)이 김굉필의 사위가 될 수 있었던 배경도 여기서 구하는 것이 옳을 것 같다.

김굉필 가문은 증조 김사곤金士坤이 현풍곽씨 집안에 장가들면서 경상도 현풍에 정착하게 되었지만 개국공신 조산趙珊의 사위가 된 조부 김소정金小亭은 여전히 서울에 기반을 두고 있었다. 김굉필의 출생지가 서울의 정릉동貞陵洞인 것도 이런 이유에서였다. 김굉필과 정응상은 본디 사제관계에서 출발하여 장인과 사위의 관계로 발전한 경우였는데, 이 두 사람이 이런 인연을 맺게 된 것은 공신가문으로서의 세교와 밀접한 관련이 있었다.

> 승지공(鄭應祥)은 한훤당寒暄堂 김굉필金宏弼 선생에게 글을 배웠는데, 김 선생이 그 지행志行을 사랑하여 딸을 시집보냈으며, 승지공은 한훤의 규범을 준수하고 능히 가정의 교훈을 세워 김을 매고 북돋았다. 선고 사중思中은 증 이조판서이고 선비 이씨李氏는 증贈 정부인貞夫人으로 성주星州의 명문인데 선대의 빛을 배태하여 옹골차게 길상吉祥을 열어 가정嘉靖 계묘년(1543, 중종 38)에 성주 사월리沙月里에서 선생을 낳았다.
> 「한강신도비명寒岡神道碑銘」(申欽 지음)

한훤寒暄의 부인인 박씨朴氏가 현풍玄風의 솔례촌率禮村에 있었는데, 공은 아버지를 여읜 다음 모부인母夫人을 받들고 서울에서 문안을 왔다가 인하여 그 곁에 머물러 살았으며, 공이 성주星州에 장가드니 성주 역시 문헌文獻의 지방이었으므로 마

침내 거주하였는바, 바로 성주의 남쪽 남산리南山里 사월촌沙
月村이다.

「한강행장寒岡行狀」(張顯光 지음)

위 기록에 따르면, 청주정씨의 성주 입향과 한훤당 가문은 불가분의 관계에 있음을 알 수 있다. 즉 정응상은 김굉필의 사위가 된 뒤에도 여전히 서울에서 살았던 것 같고, 산소 또한 서울 인근인 경기도 장단長湍 백곡면栢谷面에 소재하고 있다. 그가 사망한 뒤 아들 정사중鄭思中(1505~1551)이 어머니(김굉필의 따님)를 모시고 외할머니가 계시던 현풍 솔례촌으로 와서 사는 과정에서 비로소 '경상도살이'가 시작된 것이다. 이후 그는 성주이씨 이환李煥의 따님과 혼인하게 되면서 사월리沙月里 유촌柳村(지금의 성주군 대가면 칠봉동 유촌)으로 이주하게 되었는데, 정괄·정곤수·정구 3형제의 출생지도 바로 이곳이었다. 현재의 유동서당柳東書堂 자리가 바로 이들 형제의 태실인데, 뜰 가에는 '백곡한강양선생태지栢谷寒岡兩先生胎地'라고 새긴 표석이 있다.

이런 정황을 고려할 때, 청주정씨가 성주에 입향하여 정곤수·정구라는 두 걸출한 인물을 배출하며 영남 굴지의 명가로 성장함에 있어 김굉필의 영향은 매우 컸으며, 후일 한강이『경현록景賢錄』을 찬술하여 한훤당의 학덕을 천양하고, 도동서원道東書院을 건립하여 사표로 삼고자 했던 것도 양가의 끈끈한 세의世誼의 연장이었다.

정사중이 혼인과 동시에 터를 잡은 유촌은 사월곡沙月谷에 딸린 작은 마을이었다. 본디 사월곡은 북청부사를 지낸 배혜裵惠라는 사람의 터전이었으나 의성김씨 출신의 김계손金季孫이 그의 사위가 되어 이곳에 살게 되면서 의성김씨 마을이 되었다. 의성김씨는 김계손의 증손 김희삼金希參 대에 이르러 집안이 크게 번창하게 되었는데, 남명학파南冥學派의 핵심 인물인 김우굉金宇宏(1524~1590)·우옹宇顒(1540~1603) 형제가 바로 그의 아들이다. 특히, 김우옹과 한강은 한 마을에서 자란 죽마고우이자 일생의 지기였다.

3) 청주정씨의 세거지

정응상의 낙남을 계기로 성주를 비롯한 영남 일대에는 청주정씨 설곡파雪谷派의 자손들이 퍼지기 시작했다. 이들은 혼맥 등을 통해 세거지를 확보해 나갔다. 정응상의 첫째 아들 정사중 계열은 유촌을 비롯하여 성주군 대가면 용흥리 등으로 세거를 확대하였고, 둘째 아들 정사성鄭思誠 계열은 함안군 칠서면 용성리, 셋째 아들 정사경鄭思敬 계열은 경산군 고산면 노변리(지금의 대구시 수성구 노변동)에 터를 잡았다.

정사중의 둘째 아들인 정곤수는 종숙 정승문鄭承門의 양자가 되어 서울로 갔고, 셋째 아들인 한강 계열은 갓말로 일컬어지는 수륜면 수성리를 중심으로 하여 중파仲派 및 계파季派 자손은 대가면大家面 칠봉리七峰里 유촌柳村, 성주읍星州邑 삼산리三山里에 집성촌集姓村을 이루며 세거하고 있다.

3. 유교문화경관

　한강종택 주변에는 조선시대 '선비문화', '학자문화'의 정수를 보여 주는 문화경관들이 즐비하다. 이것은 자연과 인간의 절묘한 조화가 빚어낸 삶과 학술의 공간이었고, 문자의 향기가 피어오르는 문화의 향로와도 같은 곳이었다. 세상에 기이한 경관이 드물지 않고 빼어난 경치 또한 적지 않았지만, 한강정사, 회연초당, 무흘구곡으로 대표되는 경관들은 한강이라는 한 학인의 마음과 정서, 의지와 포부가 반영된 특별한 공간이었다.
　한강은 성주에서 태어났고, 여기서 몇 십 리에 지나지 않는 칠곡의 사양정사泗陽精舍 지경재持敬齋에서 생을 마감하였지만, 그의 삶의 궤적을 추적해 보면 그 동선은 매우 광범위했다. 여느 유현들과 마찬가지로 한강도 일생 동안 여러 번 거처를 옮겼는데, 주거의 편의를 위한 사소한 이유에서부터 수양·궁리·저술·휴양을 위한 장수유식 공간의 확보, 주자적 삶의 구현 등 그 동기가 저마다 달랐다. 30대에는 선영이 있던 창평산의 한강정사寒岡精舍, 40~50대에는 회연초당, 60대에는 수도산修道山의 무흘정사武屹精舍, 70대에는 칠곡의 노곡蘆谷·사양정사泗陽精舍에서 생활하였다. 이 가운데 한강종가와 지리적, 문화적으로 밀접한 관계가 있는 한강정사, 회연초당, 무흘구곡에 대해 살펴보기로 하자.

1) 한강정사: 추모와 학문의 공간

한강정사는 1573년 한강이 창평산 서쪽 기슭에 지은 정자이다. 창평은 조선시대 성주목 대리大里에 속한 지명인데, 고려 때는 이곳에 곡식창고가 있어 창평倉坪이라 했고, 조선시대에는 양을 기르던 목장이 있어 양장羊場으로도 불렸다. 지금의 행정구역으로는 수륜면 양정리陽亭里이다.

창평산은 청주정씨 한강가문의 대표적 선산先山으로 자리하게 되지만 본디 이 땅은 한강이 선대로부터 물려받은 땅이 아니라 스스로 개척한 곳이었다. 청주정씨의 성주 입향조는 정응상이지만 성주 땅에 뼈를 묻은 최초의 인물은 그 아들 정사중이었다.

1551년에 정사중이 사망하자 정괄, 정곤수, 정구 3형제는 아버지를 회봉산回峰山에 안장하였다. 그러나 이때만 해도 성주에 입향한 초기라 지역적 기반도 튼튼하지 못했고, 또 경황없이 장례를 모신 탓에 한강은 항상 선친의 산소 자리를 흡족하게 여기지 않았다고 한다. 때문에 그는 기회가 닿으면 언제든지 이장을 하려고 마음을 먹고 있었다.

그러던 차에 1568년 어머니 성주이씨가 돌아가시자 이참에 아버지의 산소를 창평산으로 이장하여 부모님 내외분을 함께 모시기로 작정하였다. 문제는 한강이 이장지로 물색한 터가 자신의 소유가 아니라는 것이었다. 당시 그 터는 어느 선비의 소유였는데, 한강이 어버이를 잘 모시기 위해 묏자리를 물색한다는 소문을 들은 선비는 지극한 효심에 감동하여 기꺼이 한강에게 산을 양도함은 물론 자신의 집을 철거하여 다른 곳으로 이사했다고 한다.

이로부터 4년 뒤인 1573년, 한강은 이곳 창평산에 한강정사를 건립하였다. 한강정사는 한강이 건립한 최초의 건축물인데, 아래의 시에는 한강정사에서의 삶이 잘 녹아 있다.

솔 숲 사이 집에서 잠이 들고	夜宿松間屋
물가의 누각에서 새벽잠 깨니	晨興水上軒
앞뒤에서 우렁차다 맑은 물소리	濤聲前後壯
이따금 고요 속에 귀를 기울여	時向靜中聞

한강은 1583년 인근의 회연에 초당을 짓고 이주할 때까지 10년을 이곳에서 보내며 학문에 전념하였다. 한강에게 있어 한강정사는 한가로이 은거하여 도리를 탐구하는 학문의 공간, 이따금 지팡이를 끌고 나들이를 떠나는 휴식과 수양의 공간, 단정하게 앉아 맑은 마음으로 산수를 완상하여 솔개가 날고 물고기가 뛰는 천지만물의 자연스런 조화의 흥취를 즐기는 깨달음의 장이었다.

한강은 한강정사에서 『가례집람보주』(1573), 『한훤당연보寒暄堂年譜』(1575) 등을 편찬하며 저술에 의욕을 불태웠고, 매달 초하루면 어김없이 제자들을 모아 학업을 점검하는 등 후진 양성에도 게을리하지 않았다. 이런 과정을 통해 그의 명성은 서울에까지 알려지게 되었고, 특히 기호학파의 두 거두 율곡栗谷 이이李珥(1536~1584)와 우계牛溪 성혼成渾(1535~1598)이 한강의 존재를 누구보다 눈여겨보고 있었다.

한편 한강은 한강정사에서의 10년 생활을 마무리하고 회연초당으로 거처를 옮겼다. 이제 한강정사는 잠시나마 주인과 아쉬운 이별을 하게 되었는데, 설상가상으로 임진왜란의 와중에 그만 소실되는 불행을 당하고 만다. 젊은 시절 자신의 삶의 체취가 담긴 한강정사를 그대로 둘 한강이 아니었다. 이에 한강은 전란이 끝나고 세상이 좀 안정될 무렵인 1603년에서 1604년 사이 한강정사의 복원에 착수하였다.

창건 당시 어시헌於是軒 · 유연대悠然臺와 함께 일곽을 이루었

던 한강정사는 임진왜란 이후 중건 과정에서 숙야재夙夜齋・천상
정川上亭・오창정五蒼亭・유정당幽靜堂・세심대洗心臺 등이 새로이
건립되었고, 1609년에는 모암慕菴을 아울러 지음으로써 한강정사
의 과거의 명성과 광채를 완벽하게 회복하게 되었다.

 1604년 봄 한강의 북쪽에 지은 오창정의 이름은 '위도 푸르
고 아래도 푸르고 앞도 푸르고 뒤도 푸른데, 창안백발蒼顔白髮이
거기서 짝을 이룬다'는 뜻에서 취한 것이었다. 여기서의 '창안백
발'은 정자의 주인인 한강을 지칭하는 표현이었다. 한강의 서쪽
에 위치한 천상정은 1칸 규모의 초가였는데, 이곳에서 한강은 때
때로 문인들과 학문을 토론하거나 시회를 열며 더없이 즐겁고 유
익한 나날을 보냈다.

 아래의 시는 한강정사 복원 작업이 한창이던 1603년에서
1604년경 한강이 숙야재에서 가야산을 바라본 느낌을 표현한 것
인데, 학문이 원숙해진 숙유宿儒의 자연에 대한 세심하고도 원숙
한 관찰력이 돋보인다.

전신의 참모습을 아니 내놓고	未出全身面
기묘한 한 꼭대기 살짝 드러내	微呈一角奇
조물주 숨은 뜻을 알겠고 말고	方知造化意
인간 행여 천기를 보게 할 수야	不欲露天機

한강이 숙야재에서 가야산을 바라본 느낌을 표현한 시

숙야재(한강의 주요 독서강학처), 성주군 수륜면 수성리 소재

아쉽게도 지금은 한강정사의 화려한 옛 모습이 전혀 남아 있지 않다. 한강 문인들이 남긴 기록에 의하면, 한강정사는 중건된 지 약 20년 만에 다시금 역사의 현장에서 사라졌고, 끝내 복원되지 못했다. 다만 숙야재는 일제시대인 1917년경 종택이 있는 갓말에 다시 세워졌고, 위의 시도 액자로 제작되어 걸려 있다.

2) 회연: 초당에서 서원에 이른 한강학寒岡學의 중심

회연檜淵은 한강정사가 있던 창평산에서 남쪽으로 1리 정도 떨어진 곳으로, 지금의 수륜면 신정리 양정마을이다. 가천면 소재지에서 수륜면 소재지로 가는 33번 국도 왼쪽에 위치하고 있다.

회연은 한강이 초당을 짓고 생활하던 곳으로 그의 사후에는 이것을 전신으로 하여 회연서원이 건립되었다. 이황의 도산서당이 도산서원으로 발전한 예와 흡사하다. 한강정사가 한강의 첫 번째 학문과 생활의 터전이었다면 회연초당은 본격적인 강학의 공간이었다. 한강은 1591년 사창社倉으로 이거할 때까지 9년을 여기서 생활하며 학문을 더욱 심화시키고 경륜도 쌓아 가게 된다. 동복·함안 등지의 수령을 지내며 해당 고을의 읍지를 편찬하고, 창원 땅에 관해정觀海亭 터를 잡은 것도 회연 시절의 일이었다. 또한 한강은 제자들의 교육에 더욱 신경을 쏟아 '계회입의契會立議', '월조약회의月朝約會儀', '통독회의通讀會儀', '강법講法' 등

다양한 교육 지침들을 만들기도 했다.

회연은 가야산의 한 지맥이 북쪽으로 뻗어 가다가 동쪽으로 굽어 대가천大伽川에 이르러 멈춘 곳인데, 봉비암이라 불리는 천 길 벼랑이 시내 위에 우뚝 솟아 있다. 그 아래에는 초당 쪽으로 흘러드는 소沼가 있어 예전에는 이곳을 '회연回淵'이라 했으나 뒤에 회연檜淵으로 글자가 바뀌었다. 회나무는 공자를 떠올리게 하는 유학의 상징적 나무이기 때문이다.

회연은 수석水石과 연하煙霞의 정취가 그 일대에서는 으뜸이었을 정도로 경관이 수려했고, 선비가 거처하기에는 그만인 공간이었다. 사실 회연도 창평산 한강정사와 마찬가지로 한강이 매입한 땅이었다. 한강은 이곳에 초당을 건립하여 서재로 활용하였는데, 방에는 불괴침不愧寢, 창에는 매창梅牕, 마루(軒)에는 옥설헌玉雪軒이라는 이름을 붙였다. 이 외에도 초당에는 죽유竹牖, 송령松欞 등의 액호가 더 있었다.

회연에 대한 한강의 관심과 애정은 각별했다. 아래의 시에는 회연은 어떤 곳인지, 여기서 자신이 해야 할 것은 무엇인지 그리고 왜 회연이 좋은지가 잘 드러나 있다.

변변찮은 산 앞에 자그마한 초당이라	小小山前小小家
동산 가득 매화 국화 해마다 늘어난다.	滿園梅菊逐年加
게다가 구름 냇물 그림같이 꾸며 주니	更敎雲水粧如畫

회연초당에서의 삶을 노래한 한강의 시판(회연서원 경내)

대가천, 봉비암, 회연서원이 잘 조화를 이루고 있다.

세상에서 내 생애 누구보다 호사로워.　　　　擧世生涯我最奢

가천은 나에게 깊은 인연 있거니　　　　伽川於我有深緣
저 좋은 한강에다 회연까지 얻었노라.　　　　占得寒岡又檜淵
흰 돌이요 맑은 시내 종일토록 즐기나니　　　　白石淸川終日翫
세간의 무슨 일이 이내 마음 스며들까.　　　　世間何事入舟田

헛되이 보낸 세월 이내 학문 걱정되어　　　　深憂拙學久因循
계획 다시 세워 볼까 단단히 다짐했소.　　　　鞭策規模擬更新
애정 깊은 벗님네들 정중히 사절하니　　　　珍重賓朋相愛厚
한가로운 행차는 자주 하지 말았으면.　　　　閑時命駕莫敎頻

도회지 멀리 막히었고　　　　遠隔城市
선영 가까이 모신 자리　　　　近陪先壟
뒤로는 구릉을 등지고　　　　後負丘陵
앞에는 늪지와 통하며　　　　前控池沼
오른쪽은 마을과 잇닿았고　　　　右接閭閻
왼쪽은 맑은 연못 임하였네.　　　　左臨澄潭
푸른 언덕 흰 바위요　　　　蒼崖白石
울창한 숲 무성한 풀　　　　茂林豐草
나무하고 소 먹이기 거칠 게 없고　　　　樵牧兩便

나물 캐고 낚시하기 모두 좋다네.	採釣俱宜
뭇 산이 에워싸고	羣山環擁
두 물길 합쳐 흘러	兩水交流
산등성이 기묘하고	岡阜奇絶
들판 트여 너른 자리	郊原平曠
남향에다 물길 등져	面陽背流
겨울에 따습고 여름에는 시원한데	冬溫夏涼
토질이 촉촉하여 벼농사 적합하고	濕宜禾稼
들 넓어 뽕나무며 삼 가꾸기 좋다네.	衍合桑麻
남촌 농부 만나 보고	南村訪索
서산 신선 찾아가네.	西嶽尋眞

결국 한강은 아름다운 자연과 더불어 공부에 몰두하기 위해 회연으로 왔던 것이다. 손님의 방문을 정중하게 사양했던 것도 이 때문이었다. 심지어 한강은 초당에서 누리는 산수조차도 사치스럽게 여겼으니, 세상에 이보다 더한 풍류가 또 어디 있겠는가. 여기서 한강은 학문을 더욱 심화시키는 한편, 때로는 들에 나가 농부들을 만났고, 때로는 문인들과 낚시를 하며 소일하는 등 참으로 소중하고도 행복한 나날을 보냈다.

한편 한강은 회연초당의 뜰에 백 그루의 매화나무를 심고 백매원百梅園이라 이름 했는데, 선비의 고상한 정서의 극치를 보여 주는 공간구성이라 하겠다. 이처럼 회연초당은 비록 초가집이었지만, 방이나 창 그리고 마루에 걸린 현판에서는 한강의 고상한 정신세계가 응집되어 있었고, 봄이면 뜰 가득 매화가 피는 소박하지만 아름다운 학자의 거처였던 것이다. 한강 사후 친구나 문인들의 제문에서 가장 많이 등장하는 지명이 백매원이다. 이는 '한강=백매원'이라는 상징성이 당대에 이미 형성되었음을 뜻했고, 이런 정서는 세월이 흐르면서 사림들의 뇌리에 더욱 강하게 인식되어 갔다.

소박하고 정갈한 선비의 거처 백매원에 아주 뜻밖의 흥미로운 일화 하나가 전해 오고 있다. 바로 최영경崔永慶(1529~1590)과 관련된 일화이다. 최영경은 한강과는 남명 문하의 동문으로 성품이 괄괄하기로 이름난 사람이었다. 한강이 회연에 터를 잡고 산 지 6년째 되던 1589년 2월 어느 날 최영경이 한강을 찾아 백매원으로 왔다. 때마침 한강은 외출 중이었고, 뜰에는 매화가 만발하여 봄의 정취를 돋우고 있었다.

무슨 생각에서인지 최영경은 시종하는 아이를 불러 도끼를 가져오게 하고는 뜰에 가득한 매화를 찍어 넘어뜨리라 하자 동석하고 있던 선비들이 이를 만류하느라 소동을 피웠다. 그제야 진정한 최영경은 웃으면서 "매화를 귀하게 여기는 것은 눈 덮인 골짜기의 매서운 추위 속에서도 모든 꽃보다 먼저 꽃을 피우기 때문이다. 지금은 도리桃李와 더불어 봄을 다투니 어찌 귀하게 여길

수 있겠는가. 여러분들이 막지 않았다면 매화가 찍어 넘어짐을 면치 못했을 것이다"라고 했다. 물론 최영경의 분개는 기축옥사로 대변되는 당시의 어수선한 정국에서 야기된 것이지만 하마터면 이때 백매원도 수난을 겪을 뻔했던 것이다.

한편 한강은 1591년에 10리 남짓 떨어진 사창으로 다시 거처를 옮겼고, 초당은 임진왜란 때 소실되고 말았다. 회연초당이 다시 옛 모습을 회복한 것은 1605년(선조 38)이었고, 이때 한강은 초당의 동편에다 1칸 규모의 초가인 망운암望雲庵을 새로 지었다. 망운암은 창평 선영에 모신 선대를 기리는 추모의 공간이었다.

3) 무흘구곡과 무흘정사

조선시대의 주류 학문은 유학의 여러 갈래 중에서도 주자학朱子學이었다. 주자학은 중국 남송의 유학자 주희朱熹(1130~1200)가 정립한 학문으로 고려 말에 우리나라에 유입되어 조선시대에는 국가의 통치 이념으로 자리 잡았다. 따라서 조선의 학자들이 가장 존경한 사람은 주희였는데, 주희는 일반적으로 주자朱子라는 경칭으로 불린다. 흔히 이황을 동방의 주자라고 하는데, 조선의 지식인 사회에서는 가장 영광스러운 칭호라 할 수 있다.

주자에 대한 존경심은 한강 또한 다른 사람에게 뒤지지 않았다. 어찌 보면 이런 분위기를 앞장서 이끌어 간 사람이 한강이었는데, 지금 살펴볼 무흘구곡武屹九曲과 무흘정사武屹精舍는 그런 인식의 단적인 표현이었다.

무흘구곡은 한강이 평소 유상遊賞하던 대가천大伽川 일대의 명승지 아홉 곳을 선정하여 이름 붙인 곳이다. 회연서원檜淵書院을 시작으로 하여 성주군 수륜면修倫面에 제5곡까지가 있고, 김천시 증산면에 제6곡~제9곡이 자리 잡고 있다. 총 길이는 약 35㎞에 이르는데, 이것을 이수로 환산하면 무려 90리에 달한다.

그리고 무흘정사는 한강이 수도산 기슭에 세운 정자의 이름이다. 1573년 이후 한강정사, 회연초당, 사창 등 여러 곳에 거처를 마련하며 생활하던 한강이 수도산으로 들어가 이른바 무흘정사를 완성한 것은 그의 나이 62세 때인 1604년(선조 37)이었다. 한강정사, 회연초당, 사창이 자신의 생장처나 선영의 인근 지역이었음에 비해 무흘정사는 회연에서 60리나 떨어진 깊은 산속이었다. 이런 변화는 주거의 확대를 넘어 출처 및 학문관의 변화 과정으로 이해할 수 있을 것 같다.

무흘구곡 및 무흘정사의 '무武' 자는 주희의 은거처인 중국 복건성의 무이구곡武夷九曲에서 따온 것이다. '무武=주자' 라는 등식은 조선시대 학자들에게는 하나의 상식이었다. 조선시대 학자들 중에 주자를 본받아 구곡을 경영한 대표적 사례로는 율곡 이이의 '고산구곡高山九曲', 우암 송시열(1607~1689)의 '화양구곡華陽九曲', 곡운谷雲 김수증金壽增(1624~1701)의 '곡운구곡谷雲九曲'을 들 수 있다. 이들 세 사례가 각기 황해도, 충청도, 강원도를 대상으로 하였다면 '무흘구곡'은 영남 구곡문화의 상징적 공간이었다.

한강이 회연초당과 무흘정사 등 후대에 무흘구곡이 된 승경들을 소요하면서 저술과 제자 양성에 몰두한 것은 사실이지만 그 스스로 이 경관들을 '무흘구곡'이라 이름 한 적은 없다. 이만운 李萬運(1736~1820)이 「무흘구곡도발武屹九曲圖跋」에서 "후세의 사람들이 이름 하여 무흘구곡이라 했다"(後之人仍名武屹九曲)라고 한 것처럼 무흘구곡은 한강의 후학들이 일종의 추모사업의 일환에서 그의 자취가 서린 경관을 중심으로 구곡을 설정한 것이다.

무흘구곡의 존재는 정조 연간에 제작된 「무흘구곡도」를 통해 세상에 크게 알려지게 되었다. 「무흘구곡도」의 정확한 제작 시기는 1784년(정조 8)이며, 그림을 그린 화가는 김상진金尙眞이다. 김상진은 호가 영재嶺齋이고, 이 그림을 그릴 때 79세였다는 것 외에는 인적 사항이 자세하지 않다. 다만 영남 일원에서 활동하던 지방 화가가 아닐까 싶다.

그리고 매 그림에 시를 지은 '경헌警軒'은 한강의 6세손 정동박鄭東璞(1732~1792)이다. 정동박은 자가 휘국輝國, 통덕랑 홍제弘濟의 아들이다. 당시의 한강 종손 정동리鄭東里에게는 8촌 동생(생가로 치면 6촌)이 된다. 족보에 따르면, 정동박은 성품이 충직하고 인후하였으며, 도량이 넓은 사람이었다고 한다. 「무흘구곡도」의 존재를 놓고 볼 때, 정동박은 위선의식이 투철하고 문학적 소양 또한 풍부했던 사람으로 평가할 수 있다.

「무흘구곡도」에 소개된 무흘구곡은 맨 앞의 서운암捿雲菴을 비롯하여 제1곡 봉비암鳳飛巖(수륜면 신정동), 제2곡 한강대寒岡臺(수륜면 수성동 갓말), 제3곡 무학정舞鶴亭(금수면 무학동), 제4곡 입암立巖(선바위, 금수면 영천동), 제5곡 사인암舍人巖(금수면 영천동), 제6곡 옥류동玉流洞(증산면 유성리), 제7곡 만월담滿月潭(증산면 평촌리), 제8곡 와룡암臥龍巖(증산면 평촌리), 제9곡 용추龍湫(증산면 수도리)이다. 이제 「무흘구곡도」의 순서에 따라 한강의 학술 문화적 삶의 자취를 따라가 보기로 한다.

(1) 제1곡 봉비암

봉비암은 성주군 수륜면修倫面 신정리新亭里 소재 지금의 회연서원 뒤편의 깎아지른 절벽을 말한다. 바위의 형상이 봉황이 비상飛翔하는 모습과 닮아 이런 이름이 붙여진 것 같다. 서원의 안쪽에서 보면 봉비암은 서원의 북쪽을 병풍처럼 두르고 있다. 대가천의 계류와 봉비암의 언덕, 그리고 회연서원이 있는 평지가 천연의 조화를 이루고 있다.

그림 가운데에 우뚝 솟은 절벽이 봉비암이고, 그 왼쪽 아래에 소용돌이 치고 있는 소沼가 바로 '회연回淵'이다. 그림을 보면 왜 이곳의 본래 이름이 '회연'이었는지를 쉽게 알 수 있다. 이원

一曲鳳飛嚴
一曲君標何係艇
源頭活潑自成川
嚴邊鳳去無消
息回首清都隔
暮煙
奇嚴削出鳳靖涯
一曲初從檜院西
鳳去千年何不
返孤栖竦竹條
陰低

(위) 「무흘구곡도」 제1곡 봉비암
(아래) 허목이 쓴 봉비암 표지석의 잔편(회연서원 경내)

정李元禎(1622~1680)의 『경산지京山誌』에는 봉비암이 층암절벽層巖截壁으로 묘사되어 있고, 그 아래에 깊은 못이 있다고 했다. 그림에서도 그런 구도가 분명하게 드러나 있는데, 한강이 제자들과 낚싯대를 드리운 곳이 바로 이곳이었을 것이다.

　봉비암 왼쪽으로 보이는 건물은 회연서원이고, 그 앞쪽에 서 있는 비가 '한강신도비' 이다. 신도비가 세워진 부근이 백매원百梅園의 옛터로 보이는데, 지금은 그 흔적을 찾기 힘들다. 다만 지금 회연서원 문루 앞마당에는 봄이면 매화가 만발하는데, 이를 통해 옛 백매원의 광경을 느껴 볼 수 있을 뿐이다.

　그림 왼쪽 아래에 한 남자가 나귀를 타고 다리를 건너는 모습이 보이는데, 지금도 이 자리에 다리가 놓여 있다. 옛사람과 요즘 사람들의 생각이 별로 다르지 않았음을 실감할 수 있는 장면이라 하겠다. 당초 봉비암에는 미수 허목이 전서체로 쓴 '봉비암' 이라는 표지석이 있었다. 그러나 이 표지석은 세월을 거치면서 파손, 마멸되었고, 현재 그 일부가 회연서원 경내로 옮겨져 있다. 그 위치는 서원 강당에서 관리 재사로 들어가는 문의 왼편인데, 마멸이 심해 유심히 보지 않으면 글자를 판독하기 어렵다.

　회연서원이 봉비암 아래에 세워진 것은 회연초당과 백매원이 있던 이곳이 한강학파의 본거지였기 때문이다. 1620년(광해군 12) 정월 초5일 한강 한강이 칠곡 사상泗上의 지경재持敬齋에서 78세를 일기로 생을 마감했다. 이날 이윤우李潤雨・이천봉李天封 등 여러 문인들이 선생을 옆에서 모시고 있었다. 해 질 녘인 유시酉時(오후 5~7시)에 한강이 사망하자 장례 준비에 들어갔고, 동년 4월 2일 예장을 마무리하게 된다.

장례의 마무리는 '한강추양사업'의 시작을 의미했다. 이에 문인들은 1620년 4월 7일 졸곡제를 지내기가 무섭게 동문들과 더불어 문집 등 각종 저술의 간행, 신도비의 건립, 시호 요청, 서원 제향 등 일련의 추양사업에 매진하게 된다.

한강을 제향하는 서원은 전국에 걸쳐 두루 분포했고, 영남지역만 하더라도 회연서원을 비롯하여 대구 연경서원硏經書院(1622년 배향), 성주 천곡서원川谷書院(1623년 종향), 창녕 관산서원冠山書院(1638년 주향), 창원 회원서원檜原書院(1638년 주향), 칠곡 사양서원泗陽書院(1651년 주향), 현풍 도동서원道東書院(1678년 배향), 함안 도림서원道林書院(1672년 주향) 등 모두 8개 서원에 위패가 봉안되었다. 이 중에서도 회연서원은 한강을 제향하는 여러 서원 가운데 주향처로서는 가장 먼저 건립되었고, 그 위상도 단연 으뜸이었다.

경내에는 지경재 · 명의재 · 양현청 등이 있었으나, 1868년(고종 5) 흥선대원군의 서원철폐령 때 양현청은 없어졌다. 강당에 걸린 옥설헌玉雪軒 · 망운암望雲庵 · 불괴침不愧寢 등의 액자는 허목이 1681년(숙종 7)에 회연서원 유생의 요청에 의해 썼다고 한다.

회연서원의 건립을 주도한 사람은 이윤우李潤雨(1569~1634), 배상룡裵尙龍(1574~1655) 등 한강 문인이었고, 한강의 위패가 봉안된

(위) 옥설헌 편액
(중간) 망운암 편액
(아래) 불괴침 편액

것은 1627년(인조 5)이다. 이후 회연서원은 1677년(숙종 3)에 한강 문인 석담石潭 이윤우李潤雨를 종향하였고, 1690년(숙종 16)에 사액을 받았다. 회연서원은 1868년(고종 5) 대원군의 서원 정비령에 의해 훼철되기까지 약 250년 동안 한강학파를 대표하는 영남의 으뜸 서원으로 존재하였고, 수많은 내방객들이 다녀갔다. 그중에는 기호학파의 명유이며 노론의 거두였던 우암尤庵 송시열宋時烈도 포함되어 있었다.

1680년(숙종 6) 송시열은 유배에서 풀려 거제에서 고향으로 가던 도중 성주를 지나다 회연서원을 참배한 적이 있었다. 당시 송시열의 서원 방문을 안내한 사람은 조근趙根(1631~1690)이라는 선비였고, 이때 송시열은 한강에 대해 '선생先生'이란 존어를 사용하여 화제가 되기도 했다. 이에 대해 송시열은, 조근이 하라는 대로 『심원록尋院錄』(서원 참배자 방명록)에 '선생先生'이라고 썼고, 혹 이 때문에 문제가 생기면 조근이 책임을 지겠다고 해 놓고는 정작 사단이 일어났을 때는 모든 비난이 자신에게 쏟아졌다고 하소연한 바 있었다.

현재 회연서원에는 송시열이 참배 시에 지은 '회연서원을 참배하며'(拜檜淵書院)라는 제목의 시가 액자로 걸려 있다. 같은 시가 『송자대전』에는 '회연서원에서 조복형趙復亨의 운에 차하다'(檜淵書院次趙復亨韻)라는 제목으로 실려 있다.

회연서원을 참배하고 지은 송시열의 시판

도끼가 나무 찍고 소와 염소 또 먹으니	斤餘山木又牛羊
세상일 요즈음 접점 마음 상하네.	世道如今轉可傷
삼가 선생의 사당에 절하고	敬拜先生祠廟下
바람결에 매화 향기 싫도록 맡았노라.	臨風剩嗅百梅香

　　송시열이 한강을 선생으로 불렀음은 이 시에도 분명하게 나타나 있다. 결구에서 '매화 향기'를 언급한 것은 회연서원이 한강을 상징하는 백매원의 터에 지어졌기 때문이다.
　　한편 1677년에 이루어진 이윤우의 종향은 한강학통의 계승과 관련하여 의미하는 바가 크다. 이윤우는 30년을 한강 문하에서 수학하며 스승의 학문을 이어받았고, 한강 사후에는 한강학을 계승·발전시키는 데 크게 이바지하여 점차 한강의 수제자로 인식되어 갔다.

장현광은 그를 한강의 학문을 발전시킨 대표적 인물로 평가했고, 동문의 최항경은 '가장 가까이서 스승의 미언微言을 들은 인물'로 칭송해 마지않았다. 이것은 그가 주변의 사우들로부터도 한강의 고제로 인정을 받았음을 뜻했다. 이런 인식은 1677년(숙종 3) 이윤우의 회연서원 종향從享을 통해 일단락되었다.

현재의 서원은 1974년 정부의 보조와 지방 유림의 협력으로 복원된 것이다. 서원의 동재 뒤쪽에 있는 비석은 한강의 신도비이다. 본래 한강의 신도비는 한강의 산소가 있던 창평산 아래에 건립되었으나 1663년(현종 4)에 묘소를 인현산印懸山으로 이장할 때

상촌 신흠이 글을 지은 한강신도비

회연서원 전경. 성주군 수륜면 양정리

檜淵書院

賜額 庚午二月 日

회연서원 편액

회연서원 전경

회연서원 앞으로 옮겨 세운 것이다. 「한강신도비명寒岡神道碑銘」
은 한문 4대가의 한 사람으로 명성이 높은 상촌 신흠申欽(1566~1628)
이 지었고, 본문의 글씨는 명필 김세렴金世濂(1593~1646)이 현풍현감
재직 시에 썼으며, 전액의 글씨는 서울 출신의 학자관료 김광현
金光炫(1584~1647)이 썼다. 김광현은 조선 후기 최고의 문벌가문이었
던 안동김씨 출신이었는데, 병자호란 당시 척화대신으로 이름을
떨쳤던 청음淸陰 김상헌金尙憲(1570~1652)의 조카였다.

한강신도비는 이런저런 사연이 많은 비였다. 1625년 정월
신흠에게 비문이 촉탁되어 1633년 4월에 건립되기까지 약 8년
동안 개정 여부를 둘러싸고 적지 않은 난관이 따랐고, 이 과정에
서 총 36개 조항에 대한 개정이 이루어졌다.

(2) 제2곡 한강대

수륜면 수성리水成里 갓말 뒷산 정상에 있다. 바위 정상에는
'한강대寒岡臺'라는 큰 글자가 새겨져 있다. 갓말 쪽에서 진입이
가능하지만 전체 경관은 보기 어렵다. 오히려 회연서원 옆의 대
가천을 건너서 바라보면, 전체를 조망하는 것이 가능하다.

한강의 문집에서 '한강대'라는 구체적인 기록은 보이지 않
는다. 이는 한강 생전에는 '한강대'라는 말을 쓰지 않았고, 후학
들이 뒤에 붙인 이름이기 때문이다. 그러나 『한강집』의 「가야산

(위)「무흘구곡도」제2곡 한강대
(아래) 한강대

유람록」(遊伽倻山錄)에는 후인들이 이름 붙인 한강대 주변을 한가롭게 거닐며 자연의 매력에 빠져드는 한강의 모습을 발견할 수 있다.

> 선영을 지나다가 말에서 내려 그쪽을 향해 절을 하고 '한강寒岡'으로 갔다. 어시헌於是軒에 올라가 잠시 옷섶을 풀고 쉬었다가 뒷산에 올라갔다. 휘영청 밝은 달빛 아래 솔 그림자가 어른거리는데 흰 바위는 한결 더 하얗고 푸른 개울 물소리는 차가운 기운이 감돌았다. 천지를 둘러보며 자유롭게 소요하노라니 가슴 속이 한가로워 세속의 잡념이 말끔히 사라지는 것을 느꼈다.

달구경을 하며 세속의 잡념을 말끔히 지워 버린 '뒷산'이 바로 후학들이 '한강대'로 이름 붙인 그곳이었을 것이다. 지금은 한강정사의 모습을 전혀 찾아볼 수 없지만 이 그림은 옛 한강정사의 정취를 간접 체험할 수 있는 기회를 제공하고 있다. 한강대의 위쪽에 3~4채의 집이 보이는데, 아마 이것이 이미 사라진 숙야재夙夜齋·천상정川上亭·오창정五蒼亭 등을 묘사한 것이 아닐까 싶다.
참고로 한강대는 이곳 말고도 경상남도 함안에 하나 더 있었다. 함안의 한강대는 한강 문인 안정安侹이 스승을 추모하기 위해 만든 것이었다. 광주안씨 출신의 안정은 숙야재와 무흘정사에서 수학했으며, 한강과는 인척관계가 있었다. 특히 그는 한강으로부터 「성학십도聖學十圖」와 「잠명箴銘」 그리고 자신의 서재였던 지경재持敬齋의 이름을 받는 등 스승의 신뢰가 깊었다. 또한 그는 1607년 한강을 주빈으로 했던 용화산 아래에서의 뱃놀이에도 동참했고, 이 모임을 기념하여 작성한 『용화산하동범록龍華山下同泛錄』의 원소장자였다. 그는 한강이 사망하자 자신의 정자 영귀정詠歸亭 아래에 대를 쌓고 '돌아가신 스승 한강 선생을 추모하는 대'(慕先師寒岡先生之臺)라 이름 할 만큼 한강에 대한 존경심이 강렬했다. 세상 사람들은 이 또한 '한강대'라 불렀던 것이다.

(3) 제3곡 무학정

금수면金水面 무학동舞鶴洞에 있다. 바위의 형상이 배와 같아 선암船巖 혹은 주암舟巖이라고 하며, 대가천을 왕래하는 배를 매어 두는 바위라 하여 배바위라고도 한다. 그리고 그 바위 곁에 정자가 있어 이를 무학정舞鶴亭이라 불렀다고 한다. 1579년(선조 12) 7월 한강은 가야산 유람 때 입암으로 가던 중 이곳 주암을 잠시 거쳐 간 적이 있는데, 그때는 7월 20일 오전 11시경이었다.

「무흘구곡도」 제3곡 무학정 　　　「무흘구곡도」 제4곡 입암

입암 각자

(4) 제4곡 입암

금수면 영천리苓川里에 있다. 굽이쳐 흐르는 물 옆에 우뚝 솟은 바위가 있어 입암 즉 '선바위'라 부른다. 바위의 상단 중간에 소나무가 자랐는데, 이곳에 학이 집을 짓고 살았다 해서 소학봉 巢鶴峰이라고도 한다. 그림에 환선암喚仙巖이라고 적힌 바위가 바로 한강이 「가야산유람록」에서 백옥 같은 아름다움을 지녔다고 평가한 그 바위이다.

> 흰 돌이 고르게 깔렸는데, 매끄럽기가 잘 다듬은 옥 같았고, 푸른 물은 잔잔히 흐르는데, 맑기가 밝은 거울과 같았다. 바위가 우뚝 솟아 있는데, 그 높이가 50길은 됨직하고, 소나무가 바위 틈에서 자라느라 늙도록 크지 못했다. 백옥 같은 널찍한 바위가 물 위에 드러나 있는데, 그 위에 3~40명은 앉을 만했다. 그 맑고 기이하며 그윽하고 고요한 느낌은 며칠 전에 구경한 홍류동에 비할 정도가 아니었다.

성주 치소에서 서쪽으로 44리 떨어진 입암은 수도산 무흘로 들어가는 길목에 위치한 경승지로서 예로부터 기암절벽, 널찍한 백석, 맑은 물로 유명한 곳이다. 일찍이 한강은 이곳의 수려한 경관을 좋아하여 김우옹金宇顒, 박찬朴澯, 이린李嶙, 이승李承(1552~1596)

입암 실경

등과 함께 은거를 약속하기도 했으나 인근에 집을 짓고 산 사람은 이승과 김우옹뿐이었다. 이들이 잠시 기거한 집은 고반정사로 알려져 있으며, 이승은 한강의 애제자였던 심원당心遠堂 이육李堉의 아버지이다.

(5) 제5곡 사인암

사인암舍人巖의 소재지는 금수면 영천리이다. 병풍처럼 둘러싸인 절벽 아래에 사인암이라는 작은 바위가 있다. 그림에서는 이 바위가 벼슬을 버린다는 뜻의 '사인암捨印岩'으로 적혀 있다. 역시 가야산 유람 때인 1579년 7월 21일 한강은 말을 타고 사인암을 찾았다.

한강은 사인암과 그 주변의 경관에 대해 "물이 맑고 물살이 빨랐으며, 산봉우리가 가파르고 높았다"고 표현했는데, 그림에서도 그런 모습이 완연하다. 『경산지』에서는 사인암을 남방의 경치 가운데 가장 으뜸으로 꼽았다.

사인암의 뜻과 표기에 대해서는 한강 당시에도 여러 견해가 분분했다. 한강은 옛날 사인 벼슬을 지낸 사람이 이곳의 아름다운 경치를 사랑하여 이 바위 아래에 집을 짓고 산 데에서 이런 지명이 붙은 것으로 알고 있었다. 그러나 어떤 이는 이곳에 온 사람은 자신도 모르게 몸과 마음을 다 잊고 인간 세상에서 몸을 놓아

五曲檜印巖
五曲青山深復深
雲霏開處散禪林
巖松不改千年
色應識當年人捨
印心
巖崖苔壁自生設
歸客傳聲日欲曛
捨印人今何處
去山頭猶有未
歸雲

六曲玉流洞
六曲清流玉作灣
洞門深鎖自成關
山靈倘有慇懃
意借我月澗一
域閑
護樹雲林步ᄉ穿
紫煙深鎖ᄉ諸天
眼前忽閘琉璃
界深ᄉ清流玉
自漣

「무흘구곡도」 제5곡 사인암   「무흘구곡도」 제6곡 옥류동

옥류동 각자

버린다는 뜻에서 사신암捨身巖이라 해야 옳다고 주장하기도 했다. 이에 대해 한강은 시골 마을의 속된 말로서 전혀 믿을 것이 못되는 것으로 치부했다. 이 바위는 수년 전 큰 홍수로 떠내려가 버려 지금은 바위가 있던 터만 남아 있다.

(6) 제6곡 옥류동

김천시 증산면甑山面 유성리柳城里에 있다. 옥이 구르듯 맑은 물이 흐르는 계곡이라는 뜻에서 옥류동玉流洞이라 하였다. 대가천변의 바위 위에 옥류정이 세워져 있었다.
그림에는 '수송대愁送臺', '백천교百川橋'라는 글씨가 적혀 있다. 그림의 제목은 옥류동이지만 무흘정사가 건립된 증산(김천시 증산면 유성리)의 원경을 담은 것에 주목할 필요가 있다. 증산은 성주 치소에서 65리 떨어져 있으며, 그 모습이 시루(甑)를 뒤집어 놓은 것과 같아 이런 이름이 붙었다. 임진왜란 때는 병화가 미치지 않아 피난처로 각광을 받은 길지였다. 무흘정사의 건립과 관련하여 『한강언행록』에서 자주 등장하는 증산이 바로 이곳이다.

(7) 제7곡 만월담

증산면 평촌리坪村里에 있다. 서운암捿雲菴 바로 아래에 위치

「무흘구곡도」 제7곡 만월담   「무흘구곡도」 제8곡 와룡암

와룡암

한 비설교飛雪橋, 만월담滿月潭 주변의 경관을 그린 것이다. 비설교는 개울 위에 나무를 가로질러 만든 다리라고 했는데, 그런 모습은 그림에서도 확인된다. 이곳이 바로 '무흘정사'가 있던 곳이다. 그런데 그림에서는 서운암, 산천암山泉菴, 자이헌自怡軒 등의 존재가 확인이 되지 않고 건물이 있던 터만 남아 있다. 이런 모습이 된 것은 「무흘구곡도」가 그려질 당시에 무흘정사가 중건되었기 때문이다.

(8) 제8곡 와룡암

증산면 평촌리에 있다. 굽이쳐 흐르는 물과 바위가 비경秘境을 이루는 곳이다. 이곳은 바위의 형상에 곡면이 많고 변화가 심한 편이다. 용을 연상시킬 만큼 넓은 바위에 와룡암臥龍巖이라는 글씨가 새겨져 있다.

산천암에서 시내를 따라 1리쯤 위쪽에 있는 바위가 와룡암이고, 그 위에 있는 바위가 장암場巖(마당바위)이다. 와룡암은 그 형상이 누워 있는 용과 같다 해

와룡암 각자

서 붙여진 이름이고, 장암은 반석이 자리처럼 평평하게 깔려 있어 붙여진 이름이다.

(9) 제9곡 용추

중산면 수도리修道里에 있다. 용추龍湫는 계곡 깊은 곳에 자리 잡고 있으며, 양 옆이 절벽으로 되어 있어 폭포 아래로는 사람이 접근하기가 어렵다. 폭포 위쪽에는 물살이 완만하며 넓은 바위와 평지가 있어 그 아래쪽과는 대조를 이룬다.

이곳은 무흘정사와는 30리 정도 떨어져 있는데, 태연太然이라는 중이 거처하던 초암草庵을 병암屛菴이라 명명하고 가끔씩 왕래하였다. 이곳은 구름과 비, 안개가 항상 자욱하여 정신과 기운이 건강한 자가 아니면 오래 살기 어려운 오지였다. 한강은 이곳에 주자의 옛 제도를 본떠 못을 파고 단을 쌓고 소나무와 대나무를 심

「무흘구곡도」 제9곡 용추

용추의 실제 모습

어 사색의 공간으로 활용하고자 했다. 문인 배상룡이 약포藥圃, 산가山家라 표현했던 한강의 사색 및 유거처幽居處는 관리상의 어려움을 이유로 끝내 건립되지 못했다.

(10) 서운암

무흘정사의 본당인 서운암棲雲菴의 모습이다. 무흘정사의 위치는 무흘구곡의 제7곡 만월담과 제8곡 와룡암 사이였고, 그중에서도 만월담 쪽에 좀 더 가깝게 있었다. 한강은 청암淸庵이라는 작은 암자에서 출퇴근하며 무흘정사의 공사를 직접 감독하다가 어느 날에는 말에서 떨어져 몸을 다쳐 애를 먹기도 했다.

학문에 대한 열정과 주자에 대한 흠모의 마음을 불태우고, 세상에서 한

「무흘구곡도」 서운암

걸음 물러서고자 했던 마음에서 시작된 무흘정사의 건립은 경영이라 해도 좋을 만큼 방대하고 치밀했다. 친구들에게는 자그마한 초가집을 짓는다고 했지만 그것은 어디까지나 겸사일 뿐이었다. 3칸 규모의 초가집인 서운암의 건립에서 비롯된 '무흘경영'은 부속 건물의 건립을 수반하며 커다란 규모로 확대되었다.

『한강연보』와 『한강언행록』에는 무흘정사의 규모와 기능에 대해 비교적 자세하게 설명되어 있다.

> 무흘은 고을의 서쪽 수도산 속에 있다. 천석이 청결하고 인가와 멀리 떨어져 있다. 선생께서 초가집 3칸을 지어 책을 보관하고 편안하게 쉬는 장소로 삼았으나 그 은미한 뜻은 세상을 피해 있고 싶어서였다. 서운암이라 편액하였는데, 그 아래에는 비설교, 만월담이 있었고, 만월담 위에는 나무로 얽어 지은 자이헌이 있었다. 서운암의 동쪽에는 산천암이 있었다. 샘물이 바위틈에서 쏟아져 나오는데 그 소리가 옥을 굴리는 것과 같았다. 주자의 "밤에는 베갯맡에 산속 샘물 소리 들리네"의 뜻을 취해 이름을 붙인 것이다. 산천암 위에는 와룡암이 있고, 그 위에는 마당바위가 있는데, 벼랑이 깎은 듯이 서 있고 반석이 자리처럼 평평하게 깔려 있다. 그 위쪽에 폭포가 있는데, 높이가 100여 자나 된다. 그 왼쪽 옆으로 가서 말라 죽은 나무들을 불사르고 땅을 고르고는 완폭정翫瀑亭이라 이름 했다.

서운암을 중심으로 하여 자이헌, 산천암 등의 건물과 만월담, 와룡암, 장암, 완폭정 등의 경관으로 이루어진 무흘정사는 하나의 별천지였다. 무흘정사를 완성한 한강은 아래의 시를 지어 이곳에서의 삶을 노래했다.

산봉우리 지는 달 시냇물에 어리는데	峯頭殘月點寒溪
나 홀로 앉았을 제 밤기운 싸늘하다.	獨坐無人夜氣凄
여보게 벗님네들 찾아올 생각 마소.	爲謝親朋休理屐
짙은 구름 쌓인 눈에 오솔길 묻혔나니.	亂雲層雪逕全迷

내 스스로 궁벽한 산속에 숨어	自竄窮山
세상과 길이길이 하직했네.	與世長辭
그림자를 드리우고 자취도 끊고	滅影絶迹
남은 세월 여기서 보내 볼까나.	以盡餘年

한강은 1612년 칠곡의 노곡으로 옮겨가기까지 약 8년을 이곳에서 생활하며 학문과 저술에 전념했다. 이 기간 동안 한강이 무흘을 비운 때는 안동부사 재임 시(1607년 3월~12월), 대사헌 재직 시(1608년 3월~4월) 등에 지나지 않았다.

　무흘은 워낙 길이 험한 벽지였기에 손님들의 방문도 현저하게 줄어들어 공부할 수 있는 시간도 그만큼 늘어났고, 이곳에서 서적을 열람하며 참된 학자로 살아가는 한강의 모습은 참으로 행복해 보였다. 그 삶은 청한淸寒했지만 품위와 격조가 넘쳐 났던 것이다. 이런 한강에게서 제자들은 중국의 학자 증점曾點과 주돈이周敦頤의 기풍을 느꼈고, 때로는 주자朱子가 환생한 것이 아닌가 하는 착각에 빠지기도 했다.

한강이 무흘정사를 지으면서 특별히 주안점을 둔 것은 서책을 관리하는 장서藏書 기능이었다. 승려들을 시켜 서책의 관리를 맡긴 것으로 보아 장서량이 엄청났던 것 같다. 어떤 면에서 서운암은 한강 가문의 장서각藏書閣, 즉 도서관이었던 셈이다. 이런 기능은 한강의 사후에도 그대로 유지되어 한강의 저술 및 그 원고들이 여기에 보관되었다. 이를테면 『수사언인부록洙泗言仁附錄』, 『심경발휘心經發揮』, 『오선생예설五先生禮說』, 『주자시분류朱子詩分類』, 『고금인물지古今人物志』, 『고금명환록古今名宦錄』, 『오복연혁도五服沿革圖』, 『심의제조법深衣制造法』, 『경현속록景賢續錄』 등이 이에 해당한다.

한강의 고제 미수眉叟 허목許穆(1595~1682)은 「가야산기伽倻山記」에서 수도산 무흘에 '정씨장서鄭氏藏書'가 있다고 했는데, 그가 말한 '정씨장서'가 한강 또는 한강 가문의 장서임은 의심의 여지가 없다. 류성룡의 증손서가 되어 상주로 와서 살았던 식산息山 이만부李萬敷(1664~1732) 또한 1692년(숙종 18) 겨울 무흘에 들러 '정씨장서'를 구경하고 간 적이 있었다. 그렇다면 '정씨장서'는 당시 사회에서 지식인이라면 누구나 알고 있었고, 또 한 번쯤은 열람하고 싶었던 '가문컬렉션', 즉 '문중서고'의 대명사였던 것이다.

그러나 무흘정사도 세월과 시간을 비켜 갈 수는 없었다. 이 또한 세월이 지나면서 퇴락하기 마련이었고, 중수를 위해서는 또 다른 시간을 필요로 했다. 한강의 자손들이 무흘정사를 중건하고 무흘구곡에 대한 정비사업에 착수한 것은 정조 연간인 1784년이었다. 이 사업을 주관한 사람은 한강의 8대 종손 정위였다. 정위는 집안 할아버지 정동박 등의 협조 속에 정사를 중수하는 한편으로 「무흘구곡도」를 제작하여 선조의 삶의 자취를 새롭게 환기시켜 나갔다. 이것은 곧 한강 가문의 부흥과 도약을 위한 커다란 몸짓이기도 했다.

무흘정사는 중건 과정에서 위치가 조금 달라지기는 했지만 36칸으로 확대되었고, 3동의 장서각까지 갖춘 방대한 규모를 자랑하였다. 한강 당대에는 3칸 규모의 초가집이었던 서운암이 그림에 'ㄱ'자의 기와집으로 탈바꿈해 있는 것은 중건 이후의 모습을 그렸기 때문이다.

그러나 중수된 무흘정사 또한 장구한 생명력을 가질 수는 없었고, 마침내 1922년 다시 중수되기에 이른다. 이때는 4칸 규모로 축소 건립되었는데, 현재 남아 있는 것이 바로 이것이다. 이 건물 안에는 '무흘산방武屹山房'과 '견도재見道齋'라 쓰인 현판이 걸려 있는데, '견도재'는 응와凝窩 이원조李源祚(1792~1872)의 글씨이다.

무흘산방 편액

건도재 편액. 응와 이원조의 글씨이다.

4. 한강가 사람들

1) 종손의 계보

한강은 광주이씨光州李氏와의 사이에서 아들 장樟(1569~1614)과 딸 셋을 두었다. 아호가 만오재晩悟齋인 정장은 음직으로 신령현감을 지냈고, 1612년에는 문과에도 합격하여 성균관전적, 충청·전라도 도사, 예조좌랑을 지냈다. 사후 도승지에 추증되었고, 묘소는 창평산에 있다. 정장은 한강의 외아들로서 문한이 출중하여 집안은 물론 사림의 기대를 한 몸에 받았으나 46세의 나이로 아버지보다 6년이나 먼저 사망함으로써 많은 사람들을 안타깝게 했다.

정장은 창녕조씨 사이에서 유희惟熙(1599~1620), 유숙惟熟(1605~1646), 유도惟燾(1611~1661)와 딸 하나를 두었다. 정유희는 성품이 단정하고 영민하였으며, 학덕을 모두 갖추었다. 특히 그는 사람됨과 학문에 있어 조부를 빼닮아 '소한강小寒岡'으로 일컬어졌다. 그러나 1620년 정월 한강의 상을 당해 슬픔이 지나쳐 그만 병을 얻어 그해 7월에 22세의 나이로 생을 마감하였고, 슬하에 자녀를 두지 못했다.

그리하여 막내아우 정유도의 장자 창지昌址가 그를 계후하였다. 정창지(1641~1705)는 찰방을 지냈으며, 전의이씨 사이에서 계흠, 치흠, 이흠 세 아들을 두었다. 정계흠鄭啓欽(1663~1722)은 통덕랑을 지냈고, 풍산류씨 사이에서 외아들 언제彥濟를 두었다. 정언제(1682~1716)는 일생 처사로 살았고, 광주이씨 사이에서 동리東里, 동윤東允과 두 딸을 두었다.

정동리(1702~1753)는 타고난 성품이 엄중하고 인품이 고결하였으며, 직장, 주부, 감찰을 거쳐 신창현감을 지냈다. 정동리는 초취 장수황씨와 재취 옥산장씨 사이에서 지복之復, 지익之益, 지곤之坤, 지승之升, 지풍之豊과 세 딸을 두었다. 정지복(1722~1755)은 통덕랑을 지냈고, 의성김씨 사이에서 위煒와 딸 하나를 두었다. 정위鄭煒(1740~1811)의 초명은 위煒이고, 대산 이상정李象靖(1711~1781)의 문인으로 영조시대에 활동한 영남의 대표적 유학자였다.

정위는 순천박씨 사이에서 규석奎錫, 용석龍石, 기석箕錫, 귀석

【한강종가 가계도】

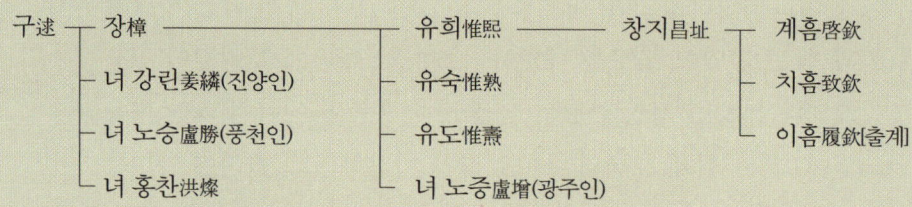

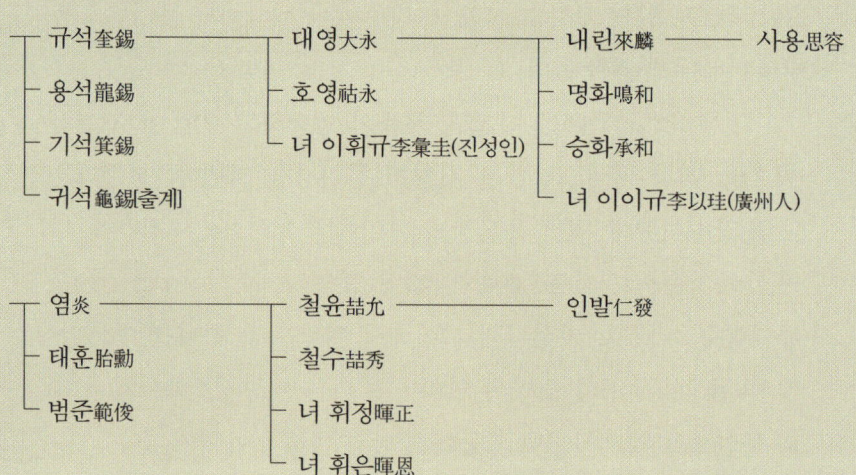

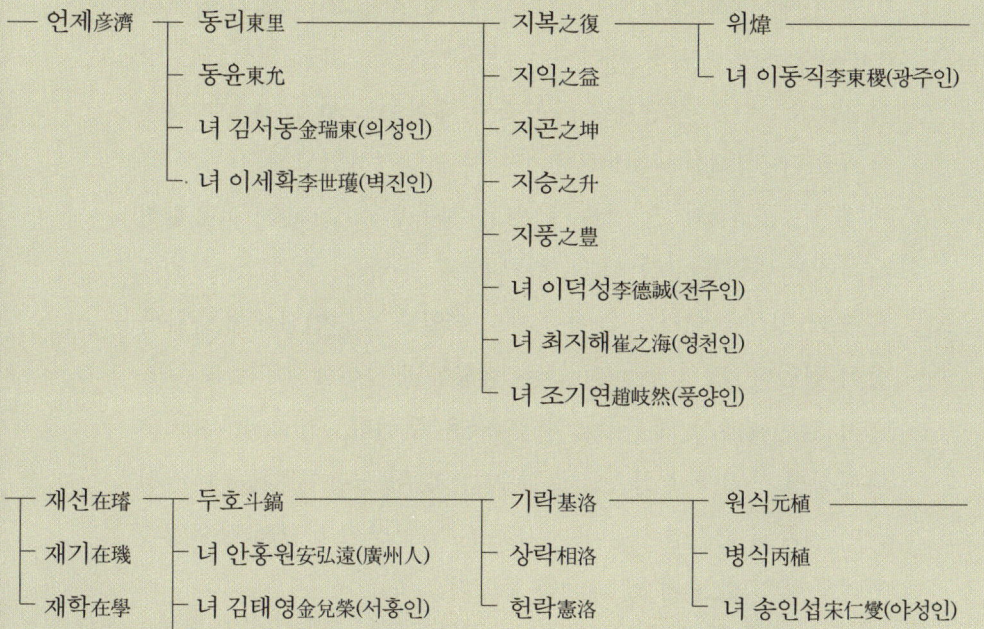

龜錫을 두었고, 경릉·순릉 참봉을 지낸 규석은 월성최씨 사이에서 대영大永, 호영祜永을 두었다. 정대영(1788~1835)은 광주이씨 사이에서 내린來麟, 명화鳴和, 승화承和와 딸 하나를 두었고, 정내린(1807~1885)은 전주최씨 사이에서 사용思容을 두었다. 진사였던 정사용(1824~1883)은 월성최씨 사이에서 재선在璿, 재기在璣, 재학在學을 두었다. 정재선(1843~1888)은 사마시에 입격하였고, 풍산류씨 사이에서 두호斗鎬와 딸 셋을 두었다. 정두호(1860~1898)는 서흥김씨 사이에서 기락基洛, 상락相洛, 헌락憲洛을 두었고, 정기락(1881~1946)은 조카 원식을 양자로 들여 후사로 삼았으며 송인섭에게 출가한 딸이 있었다. 정원식(1916~1980)은 진성이씨 사이에서 염炎을 두었으며 별실에게서 태훈胎勳, 범준範俊을 두었다. 정염(1936~2003)은 의성김씨 사이에서 철윤喆允, 철수喆秀와 두 딸을 두었는데, 정철윤이 지금의 한강종손이다. 정철윤은 인동장씨 집안의 장선영과 혼인하여 인발仁發과 딸 하나를 두었다.

청주정씨 전체의 역사에서 보면 한강은 15세가 되고, 정인발은 34세가 된다. 약 1,000년의 세월 동안 청주정씨 설곡파의 한 지파가 영남에 정착한 연혁이 500년에 이르고, 그 한 지파인 한강 가문이 성주 땅에 종문宗門을 형성한 역사 또한 450년에 달한다. 한강에서 정인발에 이르는 20대 동안 종가의 직계로는 한강의 증손 정창지와 16세손 정원식 대에만 양자가 있었을 뿐 가계 전승이 매우 순조로웠다.

한강종가의 역대 종손들은 학자 집안의 가풍에 따라 벼슬보다는 학문에 열정을 보였다. 이런 면모는 종통상으로 문과에 합격한 사람이 정장 한 사람뿐이고, 생원진사시 입격자도 정사용·재선 부자에 지나지 않는 것에서 알 수 있다. 관계에서 실직을 지낸 사람은 정장을 비롯하여 정창지, 정동리, 정위, 정규석 등인데, 그마나 이들도 참봉·주부·직장·감찰·현감 등 중하급직에 그쳤을 뿐이다. 한강 선대가 고려 중기 이래 국중에서 이름을 떨친 혁혁한 사환 가문이었다면 한강을 기점으로 하는 한강 집안은 영남학파의 일원으로서 학자 내지는 선비를 지향하는 가풍을 유지·발전시켰다고 할 수 있다.

2) 한강종가의 혼맥

중매쟁이는 저울을 가지고 다닌다는 말도 있듯이 조선시대 양반들의 혼인은 집안의 격이 대등해야 성립될 수 있었다. 앞서 살펴본 바와 같이 정응상이 김굉필의 사위가 될 수 있었던 것은 개국공신의 내외 혈통이라는 동질감에 바탕을 둔 것이다.

당시의 상황으로 볼 때 한강은 영남에 뿌리를 내린 지 3대밖에 되지 않는 객반客班에 지나지 않았지만 그가 보여 준 학문적 성취와 사림에서의 신망은 자손들이 영남학파의 주요 명문들과 통혼하며 혈연적 연대를 구축하는 밑바탕이 되었다.

혼인이란 본디 지역성과 밀접한 연관이 있다. 예로부터 영남은 낙동강을 기준으로 하여 동쪽을 강좌江左, 서쪽을 강우江右로 구분해 왔다. 대체로 지금의 경상북도 지역이 강좌에, 경상남도 지역이 강우에 속한다. 이 구분에 의하면 한강종가의 터전인 성주는 강우에 속하지만 엄격하게 따지면 성주를 강좌와 강우의 접점으로 보는 것이 실정에 맞을 것 같다.

　　강좌와 강우는 단순히 강을 기준으로 하는 방위상의 구분을 넘어 학술 문화적으로도 많은 차이점이 있었다. 동시대에 발흥했지만 사뭇 다른 학풍을 보였던 이황의 퇴계학파와 조식의 남명학파가 각기 강좌와 강우에 기반을 두었음을 고려하면 두 지역의 차이를 쉽게 이해할 수 있다.

　　한강종가 사람들은 대체로 한강의 증손 대에 해당하는 17세기 중후반까지는 주로 성주·현풍·밀양·함양 등 강우지역을 중심으로 혼반을 형성하다가 그 후로는 안동·칠곡·상주·봉화 등으로 확대되는 현상을 보였다. 17세기까지의 혼맥이 강우지역에 집중된 것은 입향조 정응상에서 한강에 이르는 3대의 혼반과도 관련이 깊었다.

　　정응상의 아들 정사중은 성주에 기반을 둔 성주이씨 집안, 정사중의 큰아들 정괄은 창녕의 창녕조씨 집안과 혼인했고, 한강 역시 성주의 광주이씨光州李氏 집안에 장가들었다. 또한 정사중은 외동딸을 창녕의 광주노씨 집안에 시집을 보내는 등 이들 3대의 통혼권은 성주·창녕에 집중되어 있었다.

이런 맥락에서 한강의 아들 정장은 밀양의 창녕조씨 집안에 장가들었고, 딸들은 함양의 진양강씨와 풍천노씨 집안으로 시집을 갔다. 큰손자 정유희는 현풍의 현풍곽씨, 작은 손자 정유숙은 함양의 진양강씨, 막내 손자 정유도는 성주의 의성김씨와 혼인했고, 손녀사위 노증盧增은 함양의 명문 풍천노씨 출신이었다. 그리고 증손자 정창지는 대구의 전의이씨 집안과 혼인했다.

한강종가와 통혼한 집안들은 대부분 강우지역의 대표적 명문들로서 학문적으로는 남명학파 및 한강학파의 핵심 구성원들이었다. 정장의 장인 취원당聚遠堂 조광익曺光益(1537~1580)은 당시 강우지역을 대표하는 학자관료였는데, 정장은 이 혼인을 통해 회재晦齋 이언적李彦迪의 손자 이의윤李宜潤과 동서 사이가 되었다. 함양 출신이었던 한강의 맏사위 강린과 둘째 사위 노승은 남명학파 핵심 가문의 자제들이었다. 강위로姜渭老의 아들이었던 강린姜繗은 한강이 남명 문하의 동문 옥계玉溪 노진盧禛의 집을 방문하는 과정에서 사위로 고른 경우였고, 노승은 17세에 한강의 사위가 되었는데, 이 두 사람은 모두 한강의 사위이자 문인이다. 그리고 한강의 큰손자 정유희의 처가 현풍곽씨, 작은 손자 정유숙의 처가 진양강씨, 셋째 손자 정유도의 처가 의성김씨는 한강학파의 주요 가문이었다. 특히, 한강의 셋째 손자 정유도의 장인 김두金枓는 한강 문인이었고, 증손 정창지의 장인 이윤李玧은 한강 문인이지영李之英의 조카였다. 한강의 자형 노엄盧儼의 후손들은 영산의 벽진이씨 이후경李厚慶 집안과 더불어 한강학파를 떠받치는 중추적인 가문으로 활약하는데, 이 또한 혼맥에 바탕을 둔 인척관계와 밀접한 관련이 있다.

17세기 후반 이후 한강종가 사람들은 기존의 혼반을 유지하는 한편 강좌지역 퇴계학파 쪽으로까지 통혼권을 확대해 나갔다. 퇴계학파로까지 통혼권을 확대할 수 있었던 것은 한강이 퇴계의 문인이라는 점과 1607년 안동부사 재직 시에 이 지역에서 다수의 문인을 배출한 것이 그 바탕이 되었다.

한강의 현손 정계흠은 안동 하회의 류성룡柳成龍 집안, 6세손 정동리는 상주의 방촌 황희黃喜 집안, 7세손 정지복은 봉화 바래미(海底)의 개암開巖 김우굉金宇宏 집안, 9세손 정규석은 안동 검제(金溪)의 학봉鶴峯 김성일金誠一 집안과 혼인했다. 이 가운데 정규석의 장인 김광찬金光燦은 김성일의 8세 종손이었다. 특기할 것은 정언제의 사위 김서동金瑞東은 정지복의 장인 김경헌金景瀗의 아들이라는 점인데, 결국 김경헌의 아들은 한강종가의 사위, 딸은 며느리가 된 셈이다. 한강종가를 기준으로 할 때 두 남매는, 한 사람은 시고모부가 되고, 한 사람은 처질부가 되는 특이한 척분을 지니게 되었다.

또한 정규석은 이황의 후손으로 승지를 지낸 이휘규李彙圭를 사위로 맞았는데, 이 혼인을 통해 한강종가는 정경세 집안, 류성룡 집안 등과 광범위한 인적네트워크를 구축하게 되었다.

한강종가는 한강의 10세손 정대영 대를 기점으로 혼반이 다소 위축되는 현상을 보여 안동권으로까지 뻗어 나갔던 이전과는 달리 칠곡·현풍·선산·대구·상주 등 성주 인근 지역의 혼인이 많아졌다. 아마도 이것은 가세와 관련이 있어 보이는데, 정대영으로부터 그의 현손 정두호에 이르는 5대 동안은 단 한명의 관료를 배출하지 못했고, 저명한 학자도 나타나지 않았다. 그나마 정재선이 풍산류씨 집안과 혼인할 수 있었던 것은 아버지 정사용과 자신이 사마 입격자라는 배경이 있었기 때문이다. 정재선의 처가는 하회의 풍산류씨 중에서도 학문이 뛰어나고 벼슬아치가 많이 배출되기로 이름난 가계로서 흔히 '북촌댁北村宅'이라 불린다. 그의 처조부 학서 류이좌柳台佐(1763~1837)는 영조·순조조의 이름난 학자관료였고, 장인 류석목柳析睦 또한 진사를 거쳐 음직으로 참봉을 지냈다. 류석목의 장인이 곧 상주 우산의 진주정씨 우복종가의 7세 종손 정상진鄭象晋(1770~1848)이었으므로 한강종가－북촌댁－우복종가는 자연스럽게 혼맥에 바탕을 둔 인적네트워크를 형성하게 되었다.

한강종가 사람들은 한강에서 증손 및 현손에 이르는 시기에는 강우 남명학파권 혼인이 주류를 이루다가 그 후 정계흠에서 정규석에 이르는 시기에는 강좌의 퇴계학파권으로 혼반이 확대되었다. 정대영 이후로는 성주와 그 인근 지역으로 혼권이 다소 축소되는 경향을 보였지만, 전반적으로 볼 때 한강종가는 창녕조씨 취원당 조광익 가문, 풍천노씨 옥계玉溪 노진盧禛 가문, 전의이씨 다포茶浦 이지화李之華 가문, 풍산류씨 서애西厓 류성룡柳成龍 가문, 광주이씨 석담石潭 이윤우李潤雨 가문, 인동장씨 여헌旅軒 장현광張顯光 가문, 의성김씨 개암開巖 김우굉金宇宏 가문, 의성김씨 학봉鶴峯 김성일金誠一 가문, 진성이씨 퇴계退溪 이황李滉 가문, 전주최씨 인재訒齋 최현崔晛 가문, 서흥김씨 한훤당寒暄堂 김굉필金宏弼 가문 등 영남의 명가들과 두루 혼맥을 맺고 있었다.

결국 한강종가의 혼맥은 철저히 영남을 대상으로 형성되었고, 한강이 근기 남인 실학의 원조로 추앙된 것에 반해 서울 또는 경기지역의 남인계 양반들과는 거의 혼인이 이루어지지 못했다. 정동리가 지봉芝峯 이수광李睟光의 후손인 이덕성李德誠을 사위로 맞은 것이 한강종가에서 이루어진 서울 혼인의 대표적 사례이다.

제2장 종가의 역사

1. 불천위 행적과 역사적 의미: 한강

1) 한강의 가족들: 친가, 외가 그리고 처가

(1) 친가와 외가

　한강은 1543년(중종 38) 7월 9일 자시子時(밤 11시~1시)에 성주 사월리 유촌에서 사맹을 지낸 정사중鄭思中(1505~1551)과 후일 정부인으로 추증된 성주이씨의 셋째 아들로 태어났다. 명신재明愼齋라는 아호를 쓴 그의 아버지는 본디 한성부 호현방好賢坊에서 태어나 자란 전형적인 서울 사람이었다.
　비록 높은 벼슬을 지내지는 못했지만 혁혁한 문벌가문의 자손으로서 자부심이 큰 사람이었고, 그만큼 예의와 범절도 바른 사람이었다. 뿐만 아니라 그는 성품이 호탕하고 관대하였으며, 무엇보다 사람됨이 진솔했다. 그리하여 주변 사람들은 그를 '일생토록 어린아이와 같은 마음을 변치 않은 사람'으로 기억하였다. 또한 학식이 넉넉했던 그는 학도들을 불러 모아 가르치는 등 교육사업에도 공이 많은 사람이었다.

한강의 어머니 이씨부인(1509~1568)은 고을의 세족 성주이씨 집안 출신이었다. 부인의 친정아버지 이환李煥은 국량이 드넓어 온 고을 사람으로부터 '어른'으로 존경을 받았던 사람이었다. 이환은 대장부의 기상이 있어 위세나 힘에 굴복하는 법이 없었고, 어려운 일을 만나도 당황하지 않았다. 그럼에도 그는 효성과 우애가 남달라서 주위의 칭송이 자자했다.

한마디로 그는 밖에서는 굳세고 의기로운 강인한 남자의 모습을, 가정에서는 효성스럽고 인자한 아들이자 가장이었던 것이다. 영의정 동고 이준경의 형으로 판서를 지낸 이윤경이 그를 '갑자기 큰일을 맡기더라도 능히 감당할 수 있는 인물'로 칭찬한 것을 보더라도 이환의 사람됨을 충분히 짐작할 수 있다.

한강의 내유외강한 성품은 외조 이환으로부터 유전된 것이 많았다. 이런 자질과 덕망에도 불구하고 이환의 가계는 채 두 대를 넘어서지 못하고 단절되고 말았다. 이에 한강 형제는 후사를 세워서라도 외조의 제사가 이어지도록 하고자 했으나 무슨 이유에서인지 그 일은 이루어지지 못했다. 외가 가통의 단절에 대한 한강의 안타까운 심정은 자신이 직접 지은 외조부의 묘지에 곡진하게 서술되어 있다.

아마도 한강은 이 글을 지으면서 외조에 대한 추모의 마음을 남김없이 담았을 것이고, 또 이것이야말로 학자 외손자가 외할아버지를 위해 할 수 있는 마지막 효도라고 생각했을 것이다.

부인은 성품이 너그럽고 아름다웠으며, 빼어난 부덕을 갖춘 현숙한 사람이었다. 나이 열일곱에 정사중에게 시집을 왔고, 1551년 지아비를 여읜 뒤로는 부지런히 일하여 생계를 어렵지 않게 꾸려 나갔다. 특히 부인은 자식들의 학업에 남다른 관심을 보여 훌륭한 스승을 찾아 공부하게 했다. 후일 한강이 한 시대를 울리는 대학자로 성장할 수 있었던 것도 이런 어머니가 있었기에 가능한 일이었다.

이처럼 한강은 훌륭한 학문과 너그러운 덕망을 갖춘 아버지, 현숙하고 교양을 지닌 어머니 사이에서 축복을 받으며 태어났던 것이다. 집안의 막내였기에 위로 두 형과 누이의 사랑도 지극하여 한강의 출생은 덕을 쌓은 집안이 누리는 경사처럼 느껴졌다. 비록 한강은 고작 8세의 나이로 아버지를 여의는 슬픔을 겪었지만 그의 유년 시절은 대체로 평탄했다.

한강의 유년 시절의 가족관계를 살펴봄에 있어 빼놓을 수 없는 사람은 할머니 서흥김씨(1482~1562)이다. 김씨부인은 당시로서는 매우 장수하여 손자 한강이 20세 되던 1562년에 향년 81세를 일기로 생을 마감했다. 한훤당 김굉필(1454~1504)의 따님이었던 부인은 좋은 집안에서 태어났고 훌륭한 아버지를 두었으며 명문가로 시집도 왔지만, 인생이 그리 순탄치만은 않았다.

시집간 지 5년 만인 1504년에는 갑자사화의 와중에서 친정아버지를 잃었고, 이로부터 16년 뒤인 1520년에는 39세의 나이로 지아비와 사별했으며, 72세 되던 1551년에는 맏아들 사중을 먼저 보내는 시련을 겪었기 때문이다. 특히, 부인은 남편이 사망하자 어린 자식들을 데리고 친정어머니가 있던 현풍 못골(池里)로 와서 집안의 중흥을 도모하였다.

부인은 학자의 따님답게 사대부가의 여성이 지녀야 할 교양과 범절이 뛰어났고, 어질면서도 심지 또한 굳어 어려움 속에서도 집안을 잘 이끌어 나갔다. 한강의 표현에 따르면, 당시 정씨 집안은 '방석 하나 물려받을 것이 없는 가난한 살림' 이었지만 부인은 친정의 도움과 자신의 슬기를 바탕으로 어려움을 잘 극복하였다. 그녀가 환갑을 넘긴 62세에 얻은 막내 손자 한강을 얼마나 귀여워했을지는 짐작하기 어렵지 않으며, 영특한 자질과 뜨거운 열정을 가지고 학자로 성장해 가는 한강을 보면서 아버지 한훤당의 모습을 상상했을지도 모른다.

그러나 애석하게도 부인은 살아생전에 손자들이 가정을 꾸리고 또 출세하는 것을 죄다 보지 못했다. 막내 손자가 아름다운 짝을 맞은 것은 부인이 사망한 이듬해였고, 둘째 손자 곤수가 문과에 합격하여 금의환향한 것은 부인이 사망한 지 14년 뒤였기 때문이다. 후일 한강이 외증조 김굉필의 현양에 혼신의 힘을 다한 것도 따지고 보면 조모 서흥김씨로 인해 맺어진 인연의 결과임은 두말할 나위가 없다. 좀 더 구체적으로 표현하면 김씨부인은 한훤당과 한강을 연결시키는 살아 있는 징검다리가 되었던 것이다.

(2) 처가

한강은 21세 되던 1563년 섣달에 광주이씨光州李氏 집안에 장가를 들었다. 그의 처가는 서울과 성주에 대대로 살았다는 점에서 한강의 집안과 거주 이력이 유사했다. 다만 광주이씨는 무반적인 전통이 강했고, 장인 이수李樹(1510~1542) 또한 무과 출신이었다. 한강의 장인은 도량이 넓고 품은 뜻이 원대했으며, 무과 출신임에도 불구하고 유학적 소양도 깊은 사람이었다고 한다. 이수는 한강이 태어나기도 전에 사망했으므로 옹서翁壻(장인과 사위) 사이의 정은 상상할 수 없었고, 심지어 한강의 부인조차도 유복녀로 태어났다.

한강의 조모 서흥김씨가 그랬던 것처럼 한강의 처가 역시 장모 고성이씨의 헌신적인 노력에 힘입어 집안이 다시 일어날 수 있었다. 고생 끝에 낙이 온다는 말처럼 3남 2녀 모두 반듯하게 자랐음은 물론 한강과 같은 준재를 막내 사위로 맞았던 것이다.

한강의 부인은 본디 병약한 사람이었는데, 그 사연은 대략 이렇다. 부인이 태어난 것은 추위가 기승을 부리던 1542년 12월 12일이었다. 공교롭게도 그 다음날이 바로 지난 6월 16일에 세상을 버린 아버지의 장례를 모시는 날이었다. 지아비의 장례를 앞두고 참담한 심정을 이기지 못한 부인의 어머니는 남편을 따르기 위해 자진自盡을 시도하는 등 집안 분위기가 말이 아니었다. 상황이 이렇다 보니 갓 태어난 아기의 양육이 제대로 될 리 만무했다. 이런 까닭으로 해서 부인은 어릴 적부터 질병이 많았고, 자라면서 그것이 고질이 되어 일생 내내 병을 달고 지냈다. 잔병치레가 잦은 사람이 오래 산다고 했던가? 약골이던 부인은 정작 당시로서는 고령에 해당하는 68세까지 살았음에 비해 다른 남매들은 이보다 훨씬 일찍 단명했다고 한다. 모르긴 해도 지아비 한강의 속 깊은 사랑과 배려가 그녀로 하여금 천수를 누리게 했을 것이다.

이씨부인은 효성이 지극하고 동기간에 우애도 남다른 사람이었다. 한강에게는 큰형수가 되는 손윗동서와 10년을 함께 살면서 공손한 마음으로 섬기며 보살폈고, 두 질녀를 사랑과 정성으로 길러 남부럽지 않게 시집도 보냈다. 그 질녀 중의 한 사람은 곧 한려학파寒旅學派의 양대 기둥 여헌旅軒 장현광張顯光의 부인, 다른 한 사람은 척재惕齋 성변규成辨奎(1556~?)의 부인이 되었다. 장현

한강의 질서 여헌 장현광 영정

광의 아들 청천당聽天堂 장응일張應一(1599~1676), 사위 와유당臥遊堂 박진경朴晉慶(1581~1665), 성변규의 아들 성이성成以性(1595~1664), 사위 학가재學稼齋 이주李紬(1599~1669)는 후일 한강학파의 일원으로 활약하게 된다.

부인의 효성은 시어머니도 인정하는 바였다. 하루는 모부인이 한강을 불러 "나를 효성으로 봉양하는 것은 새 며느리만한 사람이 없다. 내가 그 고마움을 보답할 길이 없으니 너는 그를 공경하여 죽을 때까지 변치 말도록 해라"라고 당부하기까지 했다고 한다.

부인은 부잣집에서 태어나 호의호식하며 살았지만 가난한 집으로 시집와서 불평 한 번 하지 않고 시댁 식구와 지아비를 지성으로 모셨던 것이다. 비록 문헌으로는 남아 있지 않지만 한강이 학업에 전념할 수 있었던 것도 처가 광주이씨의 경제적 후원 덕분이었을 가능성이 크다. 아울러 부인은 1남 4녀를 낳아 가통이 번듯하게 전해지게 하였으니 한강으로서는 여간 고마운 부인이 아니었던 것이다. 이 때문이었을까. 한강은 손수 지은 부인의 묘지명에서 지어미에 대한 평생 내색하지 못했던 소회를 드러내었는데, 그 골자는 미안함과 고마움이었다.

부인들의 일반 행태	婦人常態
가난 고초 싫어하고	厭薄貧陋
권세 이익 선망하여	歆艶勢利
가법 흔히 잘못되나,	家法多謬
이 부인은 달랐으니	斯人不然
운명 있음 인정하여	曰有命焉
나물밥에 콩국 먹고	蔬食豆羹
천성 고이 보전했네.	素性以全
맑고 어진 자질에다	資近貞淑
검약이며 효행 힘써	行勵廉孝
질투 욕심 멀리하여	不忮不求
부녀 교양 닦았으니,	馴飭女敎
옛적 어진 부인이야	於古賢婦
감히 비교 못하지만	雖不敢竝
세속 여인 돌아보면	比俗嬌女
차이 크지 않을쏘냐.	其不遼逈
성주 고을 창평산의	蒼坪有原

가천 남쪽 무덤자리	伽水之陽
우리 선조 선영으로	維我先塋
우거진 솔 짙푸른데,	松茂蒼蒼
이 자리에 안장하니	其祔其安
천년만년 영원하리.	萬世之長

2) 한강 정구

(1) 학자로서의 한강

한강은 1543년(중종 38)에서 1620년(광해군 12)까지 78년 생애의 대부분을 학자로 살았고, 더러는 관직에 나아가 경륜을 펼치기도 했던 사람이다. 이 때문에 그는 조정에 있을 때는 유신儒臣(유학적 소양이 깊은 신하)으로 예우되었고, 재야에 있을 때는 정치적 영향력을 지닌 인물로 인식되곤 했다. 하지만 조선시대 선비들이 정구를 '한강 선생'으로 존경했고, 지금 우리가 그를 역사적 위인으로 평가하는 이유는 그가 보여 준 학문적 열성과 뛰어난 업적 때문이다. 역시 한강에게 가장 잘 어울리는 칭호는 '학자'였던 것이다.

한강의 주요 활동기였던 선조 연간(1567~1608)은 조식・이황・성혼・이이를 비롯한 조선의 학술・문화・사상계를 빛낸

석학들이 조정과 재야에 가득하여 이른바 '목릉성세穆陵盛世'라 일컬어졌는데, 한강 또한 이 시기를 빛낸 조선의 대표적 엘리트 지성이었다.

한강은 타고난 자질이 영특했고, 지칠 줄 모르는 향학열은 가히 천부적인 것이었다. 그의 학문은 이미 가정에서 부형의 지도를 받아 그 기초가 이루어졌고, 13~14세 무렵에는 바깥 선생을 통해 학문의 기틀을 더욱 탄탄하게 다져 나갔다.

그가 13세 되던 1555년 덕계德溪 오건吳健(1521~1574)이라는 사람이 성주 교수敎授로 부임하여 경내의 선비들을 교육하고 있었다. 이때 한강은 유교 경전 중에서도 어렵기로 이름난 『주역周易』을 시원스럽게 해석하여 오건과 동료들을 놀라게 했다. 그의 천재성이 공식적으로 발휘되는 순간이었고, 오건은 여러 학생들에게 한강을 스승으로 삼아 따르라는 지시를 내리기도 했다.

오건은 남명 조식의 문인으로서 학문이 뛰어난 사람이었고, 한강과는 척분도 있었기 때문에 그의 학문에 더욱 신경을 써 주었다. 이후 한강은 오건을 스승으로서 더욱 각별히 모셨고, 그런 마음은 오건의 사후에도 변하지 않았.

1617년 한강은 동래로 온천을 떠난 일이 있었는데, 여행 중에 오건의 기일이 되자 그날만은 일절 술을 마시지 않았고, 식사 때도 나물만 들며 스승을 깊이 추모했다.

한편 한강은 1563년 예안 도산으로 가서 퇴계 이황을 뵙고 학문을 청했다. 이때 그의 나이는 고작 21세에 불과했고, 참된 학자를 꿈꾸었기에 선생의 학문은 물론 덕행德行까지 배우려 노력했다. 처음 대면한 자리에서 한강의 영특한 자질에 매료된 이황은 극구 칭찬하며 학문적으로 대성하기를 바랐다. 학문에 대한 열정은 한강으로 하여금 1565년 다시 도산으로 가게 했고, 여기서 그는 『심경』을 질문하는 등 사제 간에 활발한 학문적 대담을 펼쳤다. 이런 그를 이황은 '영민英敏한 사람', '학문에 뜻을 두고 선을 좋아하는 선비'라는 찬사를 붙여 기억해 주었다.

한편 한강은 1566년에 남명 조식을 찾아가 역시 배움을 청했다. 조식은 한강의 학문은 물론 처세에 있어 '나아감'과 '물러섬'의 도리를 크게 칭찬하였다. 또한 조식은 병석에 있을 때 한강이 문병을 가면 누구보다 반겼는데, 이는 조식이 한강을 그만큼 사랑하고 신뢰했음을 뜻했다.

퇴계 이황과 남명 조식은 당시 조선의 지성계를 대표하는 학자들이었다. 한강은 이 두 석학을 모두 스승으로 섬겨 학문을 익힘으로써 당대 최고의 학벌을 갖추게 되었다. 여기에 발군의 자질까지 갖추고 있었으니, 그는 어느새 한 시대가 주목하는 학자로 성장해 가고 있었던 것이다.

퇴계와 남명의 사후 30대에 접어든 한강은 그간에 쌓아 온 학문을 바탕으로 독자적인 학문 세계를 열어가게 되었다. 31세에 창평에 한강정사를 건립한 것도 이 때문이었다. 앞서 언급한 바와 같이 한강은 한강정사 시절에 제자들을 지도하는 한편으로 『주자서절요朱子書節要』 총목의 개정 및 『가례집람보주家禮輯覽補注』의 편찬(1573), 『한훤당연보寒暄堂年譜』의 편찬(1575) 등 많은 저술을 남겼다.

그리고 1583년부터 시작된 회연초당 시기에는 『심경心經』, 『근사록近思錄』 공부에 열중하는 가운데 「의안집방서醫眼集方序」(1600), 「기묘년 천거과 방목에 대한 소회」(書己卯薦擧科榜目後, 1602), 「심경발휘서心經發揮序」(1603), 「충원지서忠原志序」(1603) 등의 저작을 남겼다.

62세 때인 1604년부터는 수도산으로 들어가 무흘정사를 짓고 생활하였는데, 무흘정사는 지금의 한강종가에서 무려 60리나 떨어진 심산유곡이었다. 이 무렵 한강은 온 나라가 존경하는 노성한 유학자로 그 명성이 파다하게 알려지게 되었다. 한강이 심산유곡에 별천지를 조성한 것은 사람들의 왕래가 잦은 번잡한 곳을 피해 공부에 더욱 집중하기 위해서였다. 명성이 높아질수록 방문객의 수도 늘어갈 수밖에 없었기 때문이다. 더구나 당시는 몇 해 전에 지은 친구 동강東岡 김우옹金宇顒의 애도시로 인해 남명 문하의 선배 내암來庵 정인홍鄭仁弘과 불편한 관계에 있었기 때문에 더욱 산중에서의 삶을 갈망했는지도 모른다.

여기서 한강은 자연 속에서 한가롭게 지내며 자신이 가장 존경했던 주자학의 창시자 주희의 학문과 삶을 본받으려 노력했다. 무흘정사에서 보낸 7~8년은 단순히 공부의 시간이기보다는 주자학의 진리를 탐구하고 체득하는 구도의 나날이었다. 물론 한강은 무흘정사에서도 저술 활동에 매진하여 『염락갱장록濂洛羹墻錄』, 『수사언인록洙泗言仁錄』, 『와룡암지臥龍庵志』, 『경현속록景賢續錄』, 『곡산동암지谷山洞庵志』 등 주옥같은 저작을 남겼다.

이 무렵 한강의 학문적 자세, 열정 그리고 수준이 어떠했는지는 1607년 안동부사 재직 시의 일화에 잘 드러나 있다. 선조의 간곡한 당부를 거절할 수 없어 하는 수 없이 부임한 직책이었지만 일을 맡으면 최선을 다하는 자세는 젊은 시절과 조금도 다르지 않았다. 특히 한강은 선비들의 교육을 어떤 것보다 우선시했다. 1607년 6월 26일 도산서원을 찾은 한강은 예안 일대의 유생들을 소집하여 경전을 읽고 해석하는 강독회講讀會를 주관한 바 있었다. 이때 한강은 학자로서의 진면목을 남김없이 보여 주었는데, 강독회의 일원이었던 김광계金光繼(1580~1646)라는 선비는 이날의 광경을 이렇게 묘사했다.

> 선생께서 여러 유생들을 불러 『심경』을 강독했다. 이날은 더위가 혹독하여 땀이 물처럼 흘러내렸으나 선생께서는 근엄한 모습으로 반듯하게 앉아 논설하셨다. 나는 이 광경을 보고 선진들이 덕에 나아가는 마음에는 잠시의 쉼도 용인하지 않음을 알 수 있었다.

김광계金光繼, 『매원일기梅園日記』, '1607년 6월 26일'

    학문에 대한 타고난 열정, 어떤 질문도 해박하게 설명할 수 있었던 학문적 깊이, 예가 아니면 행하지 않았던 학자적 면모를 바탕으로 한강은 어느새 선비들의 마음속을 파고들고 있었다. '바다처럼 넓은'(海闊) 학문과 '산처럼 우뚝한'(山高) 기상을 두루 갖춘 '한강 선생'으로서의 모습은 이런 과정을 통해 형성되어 갔던 것이다. 이것이 계기가 되어 김광계는 한강의 열성 문인이 되었고, 한강 사후에는 『한강집』 편찬의 예안지역 책임자가 되었다.

    학문에 대한 열정은 서책에 대한 애착으로 이어졌고, 때로 그것은 약간의 부작용을 낳기도 했다. 안동부사 재직 때의 일이다. 평소 책 욕심이 유별났던 한강은 예안의 선비들에게 통지문을 보내 서책의 필사 작업에 협조해 줄 것을 요청했다. 때마침 퇴계 문하의 동문 권문해權文海가 편찬한 『대동운부군옥大東韻府群玉』을 열람하고는 소장의 필요성을 절감했기 때문이었다. 1589년(선조 22) 권문해가 대구부사 재직 때 완성한 이 책은 1591년(선조 24)에 김성일의 요청으로 나라에서 간행할 뻔했다가 임진왜란으로 무산되고 말았다. 형편이 이렇다 보니 이를 소장하기 위해서는 필사를 통해 부본을 만드는 것 외에는 다른 방안이 없었던 것이다.

    그러나 『대동운부군옥』은 20권 20책에 이르는 방대한 분량이었다. 더구나 당시 안동의 선비들은 한강의 명으로 『대명일통지大明一統誌』를 필사하느라 겨를이 없었다. 예안의 최상층 양반인 김광계에게도 백지白紙 100여 장이 드는 두 권 분량이 배당될 정도였으니, 작업의 규모가 족히 짐작된다.

이에 일각에서는 안동부사의 '개인 서책' 필사 작업에 우리가 왜 동원되어야 하느냐며 불평이 터져 나오기도 했다. 약 두 달 만에 사역이 완료되자 한강은 도산서원에서 잔치를 열고 선비들의 노고를 위로했다.

한편 한강은 1612년에 성주에서 동쪽으로 약 32리 떨어진 노곡蘆谷으로 이주하였고, 2년 뒤인 1614년에 화재를 만나 무려 100권에 달하는 저술을 잃게 된다. 이때 한강은 "하늘이 나를 죽이는구나"라고 한탄하며 크게 상심했다고 한다.

경회당 편액. 경회당은 한강의 만년 강학처인 사양정사 본당의 명칭이다. 지금은 회연서원 강당에 이 편액이 걸려 있다.

천생학자天生學者, 즉 하늘이 낸 학자인 한강이 이에 굴할 사람은 아니었다. 다시금 몸과 마음을 가다듬은 그는 1617년 낙동강변인 사수에 사양정사를 짓고 만년을 보내게 된다. 넓은 들이 산으로 둘러싸인 분지에 건립한 사양정사는 3칸 규모의 경회당景晦堂을 본당으로 하여 지경재持敬齋 · 명의재明義齋 · 망로헌忘老軒 등이 딸려 있었고, 주변에는 군자담君子潭 · 어영담魚泳潭 등 아름다운 경관들이 자리하고 있었다. 만년 강학처로는 최적의 조건을 갖추고 있었던 것이다.

　　여기서 한강은 제자들을 교육하는 가운데 때로는 거문고 연주를 들으며 휴식에 들기도 했다. 이곳 사양정사 시절에도 한강은 저작활동을 멈추지 않았는데, 이 시기의 대표작은 『오복연혁도五服沿革圖』였다.

　　사양정사로 들어온 지 3년째인 1620년은 한강의 나이 78세 되는 해였다. 지난겨울부터 병세가 위독하던 한강은 정월 초하루부터 몸져눕기에 이르렀고, 마침내 이달 초닷새에 지경재에서 생을 마감하였다. 이로부터 약 3개월 뒤인 4월 2일, 창평 선영에 부인 광주이씨와 합장되어 영면에 들어갔다. 이후 한강의 산소는 1663년(현종 4)에 창평에서 인현산印懸山으로 이장되었다. 인현산은 성주의 진산鎭山으로 예로부터 무덤의 조성을 금지해 왔는데, 한강은 이곳에 묻힌 최초의 인물이 되었다.

　　아래는 『광해군일기』에 수록된 한강의 졸기卒記(죽은 신하의 행적에 대한 논평)인데, 그의 삶을 압축적으로 잘 논평하고 있다.

전 대사헌 정구鄭逑가 졸하였다. 그는 성주星州 사람으로 한훤寒暄 선생의 외손이다. 어려서는 덕계德溪 오건吳健을 스승으로 모셨고, 겸하여 퇴계退溪와 남명南冥의 문하에 드나들었다. 일찍이 말하기를 "퇴계는 덕우德宇가 혼후渾厚하며 행실이 독실하고, 남명은 재기才氣가 호걸스럽고 고매高邁하여 우뚝 서서 홀로 행하는 어른이다" 하였는데, 그가 마음에 정한 견해가 그러하였다. 그는 어려서부터 학문을 게을리하지 않았는데, 선조宣祖가 여러 번 불러들이고서야 등대登對하고서 맨 먼저 "근독謹獨은 제왕이 다스림을 내는 근본이 된다"고 진달하니, 선조가 칭송하기를 "그대 이름은 헛되이 얻어진 것이 아니로구나" 하였다. …… 학자들은 그를 한강寒岡 선생이라고 하였다. 백매원百梅園을 돌보면서 행실을 편안하고 곧게 하여 후학들을 지도하는 것으로 일을 삼았다.

한강의 저술은 문집인 『한강집』을 비롯하여 대략 39종에 이른다. 그의 주요 저작 가운데 『성현풍범聖賢風範』, 『중화집설中和集說』, 『염락갱장록濂洛羹墻錄』, 『고금충모古今忠謨』, 『와룡암지臥龍庵志』, 『곡산동암지』, 『낙천한적樂天閒適』, 『고문회수古文會粹』, 『유선속록儒先續錄』은 화소되어 전하지 않고, 『수사언인부록洙泗言仁附

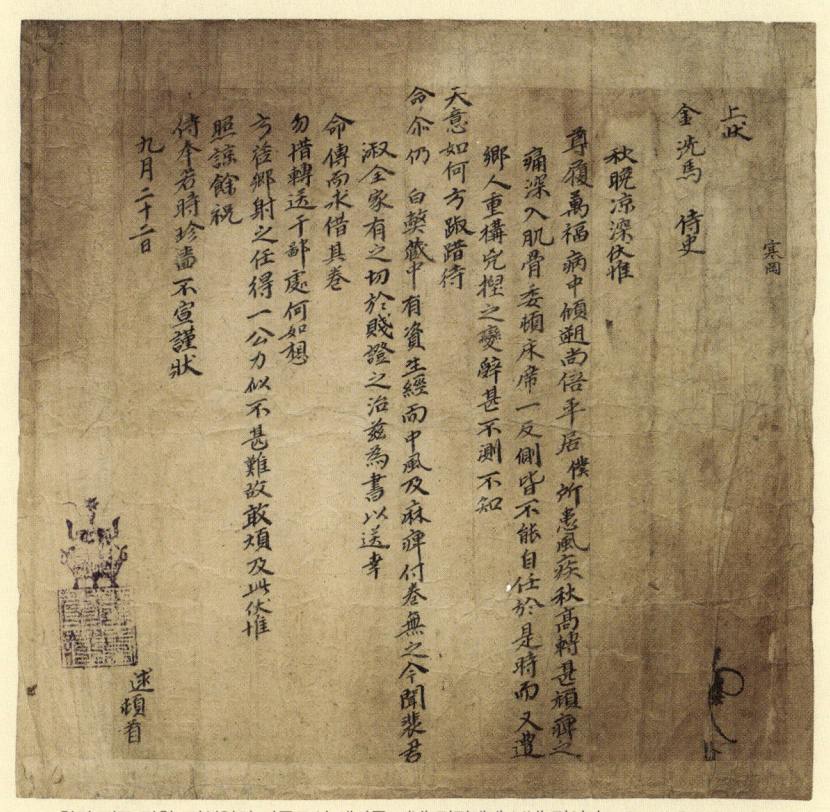

한강 정구 간찰. 김성일의 아들로서 세마를 지낸 김집에게 보낸 것이다.(무안박씨 충효당 소장)

錄』, 『심경발휘心經發揮』, 『오선생예설분류五先生禮說分類』, 『주자시분류朱子詩分類』, 『고금인물지古今人物誌』, 『고금명환록古今名宦錄』, 『오복연혁도五服沿革圖』, 『심의제조법深衣製造法』, 『경현속록景賢續錄』 등이 남아 있다.

(2) 유림 영수로서의 한강

조선시대 영남에는 이황의 퇴계학파와 조식의 남명학파가 형성되어 영남의 학문적 분위기를 크게 고조시켰다. 두 선생의 수제자였던 한강은 이황과 조식의 사후 영남지역 선비들을 학문적으로 결집시켜 한강학파寒岡學派를 형성시켰다. 한강의 문인은 총 342명에 이르며 대부분 영남에 살고 있었는데, 이들이 곧 한강학파의 실체였다.

퇴계학파와 남명학파는 동일한 시기, 동일한 지역에서 형성되었기 때문에 서로 경쟁심이 적지 않았고, 학문적인 성향도 같지 않았다. 퇴계학파가 이론적인 탐구를 중시하였다면 남명학파는 실천을 강조하는 쪽이었다. 한강은 두 학파의 학문을 통합하고자 했고, 그 일을 자신이 해야 한다고 믿었다. 그가 이황의 학문에 대해 강한 계승의식을 드러내는 한편으로 조식의 현양 및 추모사업에 열정을 보인 것도 이 때문이었다.

한강이 영남의 유림사회에서 리더로 부각되기 시작한 것은

회연초당에서 생활하던 40대였다. 뛰어난 학문과 투철한 의리의
식, 냉철한 판단력은 영남 유림들을 사로잡기에 충분했고, 엄정
하면서도 덕스러운 성품은 화합의 리더십이 되어 문인들을 이끌
었다.

어찌 보면 한강은 성품이 참으로 까다로운 사람이었다. 그
런 성품은 13세 무렵 성주향교에서 공부할 때 신분이 천한 사람
이 향교에 들어오자 이를 단호하게 물리칠 때 이미 드러났다. 이
런 경향은 사망하는 그날까지 일관되게 유지되었다.

나이 고작 7~8세밖에 차이 나지 않아도 제자의 예를 갖춘 사
람이라면 그에게 예를 깍듯하게 차려야 했고, 제자들과 겸상을
하거나 잠을 함께 자는 경우도 극히 드물었다. 한강이 중시한 것
은 인간적인 까다로움이 아니라 스승으로서, 나아가 영남 유학계
의 리더로서의 권위였다. 그리고 그 권위는 학문과 덕을 전제로
하는 것이었기에 하나의 미덕이 되었다.

이런 권위가 있었기 때문에 한강은 어디를 가든 예우를 받았
고, 많은 선비들이 그를 만나보기 위해 늘 북새통을 이루었다.
1607년 한강이 도흥강道興江에 묻어 둔 비석용 돌을 찾기 위해 영
산을 거쳐 함안으로 갔을 때는 무려 30여 명의 선비들이 그를 환
대했다. 일행 중에는 곽재우郭再祐, 장현광, 이후경李厚慶, 이도자李
道孜 등 당시 영남의 학계를 대표할 만한 인사들이 대거 포함되어
있었다.

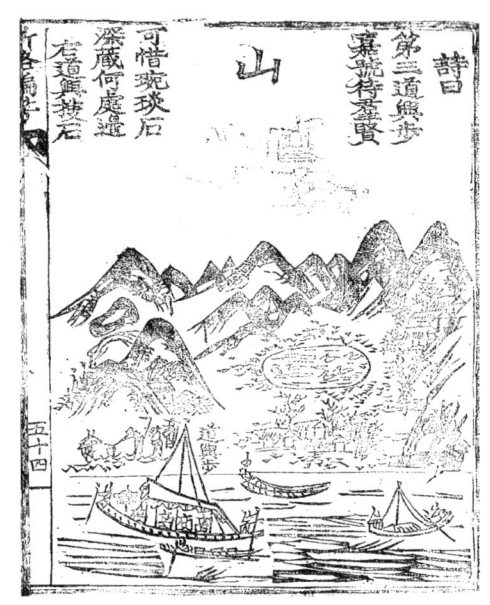

「기락편방沂洛編芳」, 「도흥수석道興搜石」

　　이때 한강은 이들과 함께 뱃놀이를 하며 친교를 다졌는데, 흔히 '용화범주龍華泛舟'로 불리는 이 모임은 영남유림의 고사가 되어 두고두고 전승되었다.
　　또한 한강은 학문하는 여가에 문인들을 대동하고 낙동강을 유람하는 일이 잦았다. 그때마다 문인들을 비롯한 주변의 선비들은 그를 영접하여 고견을 듣기를 갈망했다. 1605년 3월 한강이 박정번朴廷璠·곽근郭赾·이후경李厚慶·이학李嶨·이난귀李蘭貴 등 문인들의 수행을 받으며 고령의 어목정漁牧亭에서 배를 띄워

서사원의 완락재에 도착했을 때는 무려 70여 명의 선비들이 앞다투어 모임에 참여했다. 대구 연경서원硏經書院 원장 손처눌孫處訥을 비롯하여 수많은 선비들이 한강에게 술잔을 올리는 장면은 한 편의 영화를 연상케 했는데, 절대적인 권위를 지닌 유림의 영수가 아니고서는 상상할 수 없는 일이었다.

유림 영수로서의 위상과 권위의 극치를 보여 준 사건은 1617년에 이루어진 '봉산욕행蓬山浴行'(봉산은 온천으로 유명한 동래의 옛 이름)이었다. 노년에 접어들면서 병치레가 잦았던 한강은 동래온천이 치료에 효험이 있다는 것을 알고 이해 7월 20일 문인들을 데리고 동래행을 떠났다. 그가 배에 오른 칠곡 지암枝巖에서 동래온천까지는 물길 710리에 뭍길 20리를 가야 하는 먼 걸음이었다.

그가 물길에 사용한 배는 현풍 도동서원道東書院 소유였다. 한강이 아니고서는 감히 생각하기 어려운 일이었는데, 그것도 도동서원 원장 곽근이 정갈하게 수리하여 하루 전에 직접 대기시켜 둔 것이었다.

7월 26일 목적지에 도착한 한강은 온천에서 꼬박 한 달을 묵었고, 8월 26일 동래를 떠나 9월 4일 사수泗水로 돌아오게 된다.

총 45일이 소요된 동래행의 본래 목적은 온천욕에 있었지만 그곳으로 가는 길은 선유船遊를 겸한 여행이었다. 그리고 이 여행은 이미 한강에게는 시각적으로나 정신적으로 익숙했던 낙동강의 경치와 풍물을 새롭게 음미하며 자연과 더욱 합일해 가는 수양의 과정이었고, 낙강 연안에 포진해 있었던 문인·제자들과 정담을 나누고 학문을 토론하는 만남의 장이었다.

문인 이윤우가 작성한 「봉산욕행록蓬山浴行錄」에 따르면, 45일 동안 한강이 만난 사람은 약 300명이고, 이 가운데 한강 문인은 약 80명이다. 결국 한강은 욕행을 통해 자신의 문인 342명 가운데 25%와 만남을 가진 셈이고, 특히 칠곡·대구·현풍·고령·창녕·함안·영산·밀양·김해 등 낙동강 연안 지역의 문인 209명 가운데 약 40%가 스승을 수행하거나 문안했음을 뜻했다.

유림 영수에 대한 예우는 참으로 특별했다. 수행 제자들은 매일 당번을 바꿔 서며 스승의 안전을 살폈고, 한강이 배에서 내릴 때는 반드시 가마로 모셨다. 뱃길이 지나는 연로의 선비들은 술과 음식을 마련하여 찾아오기가 일쑤였고, 행여 길이 어긋나 만나지 못한 사람들은 땅을 치며 아쉬워했다.

바쁘게 움직이기는 관청도 마찬가지였다. 경상감사가 공문을 내려 여행의 편의를 제공함은 물론 한강이 경유하는 고을의 수령들은 공무 중에도 반드시 마중을 나와서 예의를 갖추었다.

한강이 목적지에 도착했을 때 온천은 귀빈을 맞듯 깨끗하게 청소되어 있었고, 밤마다 찾아오는 손님들을 맞이하느라 한강은 한시도 짬을 내기 어려울 정도였다.

온천에서 한 달 일정을 마친 한강은 양산 → 언양 → 경주 → 영천 → 하양 → 경산을 거쳐 칠곡으로 돌아오는 길을 택했다. 이 가운데 양산 통도사, 경주, 영천의 세 곳에서 일종의 유림집담회가 열려 분위기가 한껏 고조되었고, 한강 일행이 경산의 소유정小有亭에 다다랐을 때는 경상감사 윤훤尹暄(1573~1627)이 직접 마중을 나오기도 했다. 이런 환대는 일찍이 이황이나 조식도 누리지 못한 매우 특별한 것이었다.

한강 문인을 비롯한 영남의 선비들과 감사를 비롯한 고을의 수령들이 한강을 이토록 각별하게 대접한 것은 한강만을 위하는 것이기보다는 영남의 유림사회를, 나아가 조선의 유학계를 대표하는 존재에 대한 예우였다. 1620년 4월 2일 그의 장례 시에 조문객의 수가 4백여 명에 이른 것도 이런 인식의 반영이었다.

(3) 관료로서의 한강

한강은 대대로 벼슬하는 집안에서 태어났지만 그에게 있어 벼슬과 출세는 부차적인 것이었다. 오로지 학문을 통해 자신을 세우고, 학문으로써 세상에 봉사하겠다는 신념이 워낙 강렬했기 때문이었다. 비록 양자로 나가기는 했지만 둘째 형 정곤수가 문과를 거쳐 고위직인 예조판서와 좌찬성을 지냈고, 1601년에는 임란 때 선조의 피난길을 도운 공로로 호성공신扈聖功臣에 책훈되어 서천부원군西川府院君이라는 군호君號까지 받은 것을 고려한다면 두 형제의 가는 길은 사뭇 달랐다.

줄곧 학문에만 정진하던 한강의 존재는 30세 되던 1572년 율곡栗谷 이이李珥가 그를 훌륭한 선비로 평하고, 이듬해인 1573년 친구 김우옹이 어전에서 그를 재주와 식견 그리고 학문을 두루 갖춘 선비로 추천하면서 본격적으로 부각되기 시작했다. 이때 선조는 한강의 고향과 나이를 묻는 등 자못 관심을 보였고, 뒤이어 예빈시참봉의 자리를 내렸지만 한강은 이를 받아들일 수 없었다.

한강이 조선의 관료 명부에 이름을 올린 것은 이로부터 7년 뒤인 1580년 창녕현감에 부임하면서였다. 이때 이이는 자신의 『경연일기經筵日記』에다 한강을 '예학에 힘을 쏟고, 자기 단속이 엄격하며, 청명清名이 날로 드러나는 사람'으로 특별히 기록하였다.

이후 그는 동복현감(1584), 함안군수(1587), 통천군수(1591), 강릉부사(1594), 성천부사(1598)를 거쳐 1607년에 안동부사로 부임하게 되었고, 가는 곳마다 치적을 남겼다. 특히, 한 고을도 빠트리지 않았던 지리지의 편찬은 지방관의 역사에서 유례를 찾기 어려운 위대한 업적이었다.

그렇다고 한강의 관직생활이 오로지 지방관에만 한정된 것은 아니었다. 1581년(선조 14)에는 사헌부지평, 1594년(선조 27)에는 우승지와 공조참판을 역임했고, 비록 짧은 기간이었지만 1608년에는 대사헌이 되어 일국의 풍화를 주관키도 했다. 그러나 분명

퇴계 이황의 도산서당

한 것은 한강이 내직보다는 외직을 선호했다는 것이다. 이는 당쟁에 휘말리기 쉬운 내직보다는 외직이 자신의 배움을 현실에 적용 또는 실천하는 데 효과적이었기 때문이었다. 이 점에서 한강의 외직 선호는 학자적 이상과 소신의 구체적 표현이었다.

관료로서의 한강의 면모가 가장 잘 드러나는 직책은 1607년에 수행한 안동부사였다. 안동부사는 그의 생애 마지막 관직이었다. 사실 한강은 나이 60을 넘기면서 관직을 단념했지만 선조의 부탁이 워낙 간곡하여 마지못해 받아들인 것이었다. 그러나 안동은 그가 평생토록 사모했던 퇴계의 고향과 인접한 고을이었기 때문에 내심 가 보고 싶은 곳이기도 했다.

　　안동부사 재직 시 한강이 가장 강조한 것은 원칙과 정도를 지키는 것이었다. 누구라도 비리와 부정이 있으면 원칙과 규정에 따라 처리하였고, 선비 또는 관료의 체모에 어긋나는 것은 일체 삼갔다. 심지어 양반까지 모욕하며 갖은 횡포를 부리던 권력가의 종을 붙잡아 처벌한 것은 강상과 기강을 바로잡기 위함이었고, 전임 부사와 인수인계를 하고 가진 잔치에서 속된 음악을 거부한 것은 관료이기 전에 선비로서 일삼을 바가 아니라고 여겼기 때문이었다.

안동 태사묘. 권행, 장정필, 김선평을 제향하는 사당

한강의 다스림은 '부지런하고 민첩함', '너그럽고 간소함', '맑고 조용함', '공순하고 검소함'에 주안점이 있었다. 이를 위해 그는 스스로를 누구보다 철저하게 가다듬었고, 선비는 예의로써 대접했으며, 백성들은 아량과 관대함으로 포용했다. 그 대신 흔히 관속官屬이라 불리는 공직자들은 서릿발 같은 위엄으로 다스렸다.

한강이 안동 고을을 다스림에 있어 더없이 중시한 것은 '인심 얻기'였다. 전형적인 유교적 통치방식이었다. 그래서 그는 온 안동 사람들이 존경하는 권행權幸·김방경金方慶·권벌權橃·김성일金誠一 등의 산소를 참배했고, 병마와 싸우고 있던 친구 류성룡도 몸소 문병했던 것이다.

일종의 텃새랄까. 이런 노력에도 불구하고 한동안 안동의 유림사회는 한강을 싸늘하게 대했다. 한강이 부사 자격으로 소집한 강독 모임에 선배격인 류복기 등이 불참하는 사태가 발생했다. 류복기는 자신의 친구였던 김성일의 생질이었기에 한강의 실망과 분노는 극에 다다랐다. 이를 그냥 넘겨 버릴 그가 아니었다. 마침내 한강은 유생들에게 강경한 어조의 통고문을 내려 강독 모임을 정상화시켰는데, 이것이 가능할 수 있었던 것은 한강에게는 목민관으로서의 제도적 권한을 넘어 누구도 따라올 수 없는 학문적 권위가 있었기 때문이었다.

선비들의 여론이 호전되자 한강은 이들의 협조를 받아 학술

문화사업을 전개했다. 「퇴계상례退溪喪禮」의 교정 및 『영가지永嘉誌』의 편찬이 그것이었다. 안동의 '문헌정비사업'이었던 『영가지』 편찬은 권기權紀, 김득연金得硏, 류우잠柳友潛 등의 적극적인 노력에 힘입어 완수할 수 있었다.

사실 읍지 편찬은 한강이 일생 동안 들인 학술문화사업의 하나로써 그가 편찬한 읍지만도 안동읍지인 『영가지』를 비롯하여 『창산지昌山誌』(경상도 창녕읍지, 1580), 『동복지同福誌』(전라도 동복읍지, 1584), 『함주지咸州誌』(경상도 함안읍지, 1587), 『통천지通川誌』(강원도 통천읍지, 1592), 『임영지臨瀛誌』(강원도 강릉읍지, 1594), 『관동지關東誌』(강원도지, 1596), 『충원지忠原誌』(충청도 충주읍지, 1603) 등 무려 8종에 이른다. 이 가운데 현존하는 것은 함안읍지인 『함주지』뿐이지만 한강의 의욕적인 편찬활동은 후일 사찬읍지私撰邑誌(개인이 저술한 읍지)로 불리는 영남지역 군현 읍지의 편찬에 매우 중요한 영향을 미쳤다. 특히 『함주지』는 조선 후기 지지 편찬의 본보기가 되었다. 지지 편찬은 세상과 끊임없이 소통하려 했던 '한강학寒岡學'의 독특한 학풍의 하나로 규정할 수 있다. 그리고 이런 정신은 장현광에게 전해져 더욱 풍부한 결실을 맺게 된다.

이처럼 한강은 목민관으로서 안동의 민생 개선과 문화 발전을 위해 열정을 다 바쳤고, 조정에서 하달되는 서책 간행의 명령에도 만전을 기했다. 그러는 사이 부임한 지도 어느새 반년이 훌쩍 지나갔다. 더 이상 지체하다가는 발목이 잡힐 수 있다는 우려에서 사직을 결심하게 된다. 사실 한강은 임지에 도착하자마자 사직소를 올리고 고향으로 돌아가려 했으나 류성룡의 사망, 선조의 건강 악화 등 제반 사정이 여의치 않아 반년을 끈 것일 뿐이었다. 이에 한강은 이해 12월 초 경상감사 정사호鄭賜湖에게 사직서를 공식 제출한 다음 곧장 무흘정사로 돌아갔다.

한강이 안동에서 보낸 시간은 9개월에 지나지 않는다. 하지만 그는 이 짧은 기간 동안 많은 치적을 쌓았다. 무엇보다 그는 원칙을 중시했고, 강상과 기강을 바로잡기 위해 노력했다. 또한 그는 왕명을 받은 관료로서 백성들 앞에 당당하게 서는 목민관의 모습을 보여 주기 위해 애를 썼다. 나아가 그 고을에 실익이 되는 일을 찾아서 했다. 따라서 그의 다스림은 유교적 원칙주의를 근간으로 하면서도 '실질實質'을 더없이 강조했다는 점에서 다른 사람보다 한 발 앞서 있었다. 이런 진보적 발상은 배움이 넉넉한 상태에서 관료로 나아갔기 때문에 가능한 것이었고, 안동뿐만 아니라 다른 고을, 다른 직책에서도 이런 정신이 적용되었음은 의심의 여지가 없다.

2. 종가 계승 인물의 행적

1) 정장(1569~1614)

정장鄭樟의 자는 직부直夫, 호는 만오재晚悟齋, 한강의 외아들이다. 가정에서 아버지 한강에게 수학하여 학행이 있었고, 가학의 계승자로 주목을 받았다. 1598년에 음직으로 출사하여 빙고별제가 되었는데, 이것은 중부인 서천군西川君 정곤수鄭崑壽(1538~1602)가 자신의 아들을 제쳐 두고 조카를 천거했기 때문이었다. 이후 그는 사섬시직장, 통례원인의, 사헌부감찰, 연기현감, 신령현감 등 내외의 직임을 두루 거쳤고, 1612년에는 문과에 합격하여 문신의 반열에 올랐다. 이어 성균관전적, 예조좌랑을 거쳐

1613년에 전라도도사로 나갔으나 병으로 사직하고 돌아왔고, 이 이듬해인 1614년 46세를 일기로 생을 마감했다.

그는 대학자의 아들답게 학문이 뛰어나고 행실이 돈독했으며, 1608년 유배를 가던 정인홍鄭仁弘(1535~1623)이 한강을 만나보기를 청했을 때는 아버지를 대신하여 접견하고 오는 등 지성으로 한강을 모시며 보좌했다. 또한 그는 퇴계 문인으로 영천에 정착하여 문도를 육성하던 지산芝山 조호익曺好益(1545~1609)을 아울러 사사하였고, 1607년에는 스승을 위해 서재를 건립하는 데에도 적극 참여하였다.

정장은 밀양의 창녕조씨 집안에 장가들었는데, 장인 조광익曺光益(1537~1580)은 조호익의 형으로 문과 중시에도 합격한 수재였다. 정장은 이언적의 손자 이의윤李宜潤과 동서간으로서 주변의 인맥이 탄탄하였으나 비교적 이른 나이에 생을 마감함으로써 한강을 가슴 아프게 했다. 그는 슬하에 4남 2녀를 두었으나 큰아들과 큰딸은 일찍 죽었으므로 족보에는 3남 1녀만 실려 있다.

밀양 창녕조씨 집안에는 17세기 초반에 작성된 분재기 하나가 전해 오고 있다. 이 문서는 조광익의 자녀들이 부모 사후에 재산을 골고루 나누는 내용인데, 정장의 사후에 작성된 것으로 추정된다. 이 분재기에 따르면, 정장의 아내 몫으로 주어진 재산을 받기 위해 분재에 참여한 사람은 둘째 아들 정유숙鄭惟熟이었다. 계통상으로는 장손 정유희가 어머니를 대신하여 분재에 참여하

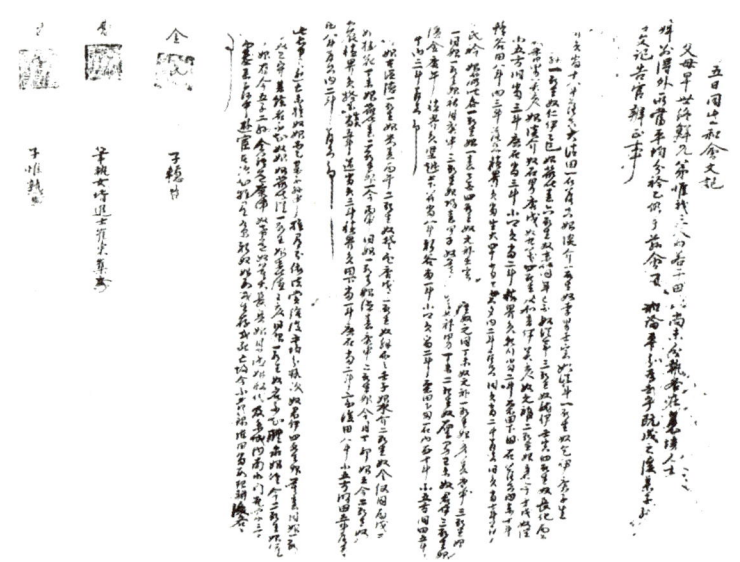

정장의 부인 창녕조씨가 남매들과 함께 친정 부모의 재산을 나눈 분재기. 17세기 초반(밀양 오봉서원 소장)

는 것이 상식이지만 아마도 이때는 그 또한 사망함으로써 정유숙이 어머니와 형을 대신했던 것으로 생각된다.

2) 정유희(1599~1620)

정유희鄭惟熙의 자는 경집景緝, 호는 휴암休庵, 한강의 장손이다. 성품이 단정하고 영민하였으며, 효성 또한 지극하여 부모를 정성으로 섬겼고, 여러 아우들을 사랑하고 아꼈다. 특히 그는 학문과 덕행을 모두 갖추어 세간에서는 '작은 한강'(小寒岡)으로 부르며 가업의 계승자로 기대해 마지않았다. 그러나 조부의 상을 당해 너무 슬퍼한 나머지 병을 얻어 1620년 7월 20일에 22세의 나이로 짧은 생을 마감하였다.

비록 그는 짧은 삶을 살았지만 사림의 신망이 깊었고, 아버지 정장이 사망한 뒤에는 조부 곁에서 학문을 익히며 크고 작은 일들을 도맡아 처리했다. 한강 문인들이 스승의 안부를 물을 때에도 그에게 편지를 보내기 일쑤였으며, 모당慕堂 손처눌孫處訥(1553~1634), 죽헌竹軒 최항경崔恒慶(1560~1638), 외재畏齋 이후경李厚慶(1558~1630), 능허凌虛 박민朴敏(1566~1630), 오한聱漢 손기양孫起陽(1559~1617) 등은 그가 교유했던 대표적 인물들이다.

그의 지극한 효성과 돈독한 우애는 박민의 사우록師友錄에 실린 그의 약전略傳에 잘 표현되어 있고, 이후경은 그를 위해 지은 제문에서 '아름다운 자질', '훌륭한 행실', '뛰어난 문장', '학문에 대한 열정'을 높이 평가하였다.

정유희가 조부의 상을 당해 지나칠 정도로 슬퍼한다는 소식은 사림들 사이에 파다했던 것 같고, 일부 지인들은 몸을 잘 챙길 것을 당부하는 위로의 편지도 보냈다. 그 대표적인 사람이 바로 능허 박민이다. 그는 정유희에게 보낸 편지에서 "그대의 처지는 다른 사람과는 사뭇 다르고 온 세상 사람들이 주목을 하는데, 지나친 슬픔은 도리어 효도가 되지 않는다"라고 하며 제발 자제하고 몸을 추스를 것을 간곡하게 당부하였으나 소용이 없었다. 설상가상으로 그는 슬하에 자녀도 두지 못함으로써 한강종가는 성주 땅에 문호를 차린 지 4대 만에 양자를 들여 종통을 잇는 곡절을 겪게 되었다.

3) 정위(1740~1811)

정위鄭煒의 초명은 위㷑이고, 자는 휘조輝祖, 호는 지애芝厓이다. 한강종가의 8대 종손으로 아버지는 통덕랑 지복之復이고, 어머니 의성김씨는 안동 해저 출신의 진사 김경헌金景瀗의 따님이다. '조상을 빛낸다'는 뜻의 자字가 대변하듯 그는 한강 이후 종통상으로는 학문이 가장 뛰어났고, 사회적인 명망도 가장 높았다. 어려서 아버지를 여의고 편모슬하에서 자랐지만 구김살이 없었으며, 항상 효성으로 어머니를 섬겼다.

처음에는 문경 산양山陽 출신의 죽옹竹翁 홍우귀洪禹龜의 문하에서 수학했다. 이때 그는 천체天體의 운행과 위치에 대한 학설인 기형지설璣衡之說을 너무도 빨리 이해하여 주위를 놀라게 했다. 이후 그는 당대 영남의 명유로 안동 소호蘇湖에서 제자를 육성했던 대산大山 이상정李象靖(1711~1781)과 대구 출신의 유학자 백불암百弗庵 최흥원崔興源(1705~1786)을 사사하여 학문이 더욱 깊어졌고, 이를 계기로 영남학파의 주류로 활동하게 되었다.

정위는 오로지 성리학에 몰두할 뿐 세상일에 간여하거나 출세를 꾀하지 않았다. 1796년(정조 20) 경상감사가 유교 경전經典에 박통하고 행실이 반듯하다는 이유로 그를 조정에 천거하였으나 응하지 않았고, 이듬해인 1797년 온릉참봉溫陵參奉에 임명되었을 때는 잠시 봉직하다가 곧바로 사직하고 고향으로 돌아왔다. 이러한 그의 삶의 자세는 한강과 너무도 닮아 있었다.

그가 학문 못지않게 정성을 기울인 것은 선조의 추모사업이었다. 한강의 자취가 서린 숙야재宿夜齋와 무흘정사武屹精舍의 중건, 「무흘구곡도武屹九曲圖」의 제작은 이런 맥락에서 이루어진 사업이었다. 또한 그는 예학에도 조예가 깊어 『가례휘통嘉禮彙通』을 편찬했고, 문집으로 『지애집芝厓集』을 남겼다.

정위와 거의 동시대에 활동한 학자 가운데 상주에 입재立齋 정종로鄭宗魯(1738~1816)가 있다. 정종로는 한강 문인이었던 우복愚伏 정경세鄭經世(1563~1633)의 6대 종손으로서 학자로 대성하여 진주 정씨 우복종가의 위상을 크게 드높였는데, 정위 또한 이에 비견되는 인물로 평가할 수 있다.

4) 정재기(1857~1919)

정재기鄭在夔의 자는 성로聖老, 호는 성재省齋이다. 아버지는 성리학을 탐구하고 효도와 우애가 깊었던 일우一宇 세용世鎔이고,

어머니는 옥산장씨이다. 정위의 차자 용석龍錫의 현손으로 한강에게는 13세손이 된다.

어려서부터 신동 소리를 들었고, 7세에 아버지로부터 『십구사략十九史略』을 배웠다. 외숙 농산農山 장승택張升澤(1838~1916)에게서 『대학』, 『중용』을, 집안 할아버지 정내석鄭來錫에게서 문장을 배웠다. 효성이 지극하여 사람들을 감동시키는 바가 많았고, 산사에서 공부할 때는 「독서잠讀書箴」을 벽에 걸어 두고 스스로를 철저하게 경계했다. 노년에 이르러서는 한강의 저술 『심경발휘心經發揮』에 더욱 심취하였다.

1919년 여러 유림들과 함께 파리장서운동에 적극 참여했고, 이로 인해 일본 경찰이 출두할 것을 통보하자 이해 3월 9일 선비답게 의연하게 스스로 목숨을 끊었다. 문집으로는 『성재집省齋集』이 전한다.

5) 정종호(1875~1954)

정종호鄭宗鎬의 자는 한조漢朝, 호는 뇌헌磊軒, 아버지는 노하老下 재설在卨이고, 어머니는 재령이씨 인흠仁欽의 딸이다. 한강에게는 14세손이 된다. 작은아버지 성재省齋 정재기鄭在夔와 소눌小訥 노상직盧相稷에게 수학하여 학문이 깊었고, 집안일에도 최선을 다했다.

1919년 파리장서운동을 적극 도왔고, 이 때문에 경찰서에 잡혀가 4~5개월 동안 복역했다. 감옥에서조차 밤낮 『춘추』를 읽을 만큼 공부에 대한 열정이 뜨거웠고, 『주역』에 심취하여 높은 경지에 이르렀다. 무엇보다 그는 정장鄭樟의 『만오집晩悟集』, 정위鄭煒의 『가례휘통家禮彙通』 등을 간행하는 데 노력하여 한강종가의 문헌을 정리하는 데 이바지했다. 문집으로 『뇌헌집磊軒集』이 전한다.

6) 정재화(1905~1978)

정재화鄭在華의 자는 자실子實, 호는 후산厚山, 아버지는 복용福容이고, 어머니는 한훤당의 후손인 서흥김씨 김도제金度濟의 따님이다. 정재기와 정종호를 통해 가학을 계승하면서, 사자육경四子六經과 한유구소지문韓柳歐蘇之文(한유, 유종원, 구양수, 소식의 문장) 등 읽지 않은 것이 없었다고 한다. 특히 대조大祖 한강의 『심경발휘』에 잠심하였으며, 예학에도 조예가 깊어 관련된 글을 남겼다.

타고난 성품이 강직하고, 몸가짐이 반듯하였으며, 의리에 있어서는 소신을 굽히지 않았다. 집안의 크고 작은 일을 도맡아 처리했고, 특히 한강의 제향처인 회연서원檜淵書院과 관련된 일에는 수고로움을 마다하지 않고 성심을 다했다. 학식과 문장, 범절이 고을에 널리 알려졌다. 한강종가로 들어가는 입구 왼편에 그가 살던 가옥이 지금도 남아 있다. 안채와 사랑채로 구성된 이 집은 사치스럽지도 옹색하지도 않는 규모를 갖추고 있으며, 사랑채에는 '후산厚山'이라 쓰인 현판이 걸려 있다. 문집으로는 『후산졸언厚山拙言』이 전한다.

후산 편액

후산고택

3. 종가 소장 문헌과 유물

　　예나 지금이나 사람이 사는 곳에는 문서, 문헌, 유물이 남기 마련이며, 학자나 관료의 집안은 더욱 그러하다. 한강종가의 역사는 450년을 거슬러 올라간다. 이 유구한 시간 동안 종가에서는 한강을 비롯한 수많은 학자 및 관료가 배출되었다. 더구나 종가의 주요 기능이 집안의 온갖 일들, 예컨대 문회門會라 불리는 문중모임, 화수회花樹會, 제례 등 각종 행사 등을 주관하는 것이고 보면 한강종가에는 수백 년 묵은 옛 문적들이 산더미처럼 쌓여 있어야 하는 것이 상식이다.

　　상속 문서인 분재기分財記도 있어야 하고, 한강의 저술 원고도 있어야 하며, 문중 회의의 과정과 내용을 담은 계안契案도 있

「(조선본)천하여지도」(보물 제1601호)
한강 정구의 작품으로 추정(서울역사박물관 소장)

어야 한다. 이뿐이 아니다. 지금의 호적이나 마찬가지인 호구단자戶口單子나 준호구準戶口는 차곡차곡 실에 꿰어져 있어야 하고, 편지글과 제문 및 만사는 다발 채로 묶여 있어야 하며, 가을걷이 상황을 적은 추수기秋收記는 햇수별 간이 책자 형태로 남아 있어야 한다.

본디 한강 집안은 책과 문서가 많기로 정평이 나 있었다. 미수미수 허목許穆은 「가야산기伽倻山記」라는 기행문에서 수도산 무흘에 '정씨장서鄭氏藏書'가 있다고 했고, 한강 사후에 이 책을 보관하기 위해 무흘에 장서루藏書樓가 지어진 것을 보면 방대한 분량의 문적이 대대로 전해 왔을 가능성이 크다.

그러나 아쉽게도 한강종가에는 옛 문적이 거의 남아 있지 않다. 아마도 전란과 산업화의 과정에서 소실된 탓이겠지만 참으로 안타까운 일이다. 그나마 각종 저술을 간행한 목판이 남아 있는 것은 여간 다행한 일이 아니다. 그것은 비록 회연서원 소장이기는 하지만 그 수가 무려 22종 1,392점에 달한다. 그중에는 1680년(숙종 6)에 간행한 『한강집寒岡集』, 『한강별집寒岡別集』을 비롯하여 1841년에 간행한 『한강속집寒岡續集』, 『한강연보寒岡年譜』, 『오복연혁도五服沿革圖』, 『오선생예설분류五先生禮說分類』, 『심경발휘心經發揮』, 『태극문변太極問辨』 등 한강 관련 저술의 목판이 주종을 이룬다. 이 외에 정장의 『만오집晩悟集』, 정곤수의 『백곡집栢谷集』과 『백곡유고栢谷遺稿』, 정위의 『지애집芝厓集』, 정기락鄭基洛이 편찬한 『한강집부록寒岡集附錄』 등의 목판도 있다.

제3장 종가의 제례와 음식

1. 한강종가의 제례

1) 한강종가의 제례들

　　한강종가의 제례는 크게 기제사忌祭祀와 설과 추석에 지내는 차사茶祀, 그리고 가을에 지내는 묘사墓祀로 구분된다. 기제사는 불천위不遷位 제사와 4대 봉사를 지내고 있는데, 모두 단설單設이다. 불천위는 한강과 그 부인 광주이씨光州李氏까지 양위이며, 4대 봉사는 종손 정철윤의 고조부모인 정두호鄭斗鎬와 서흥김씨, 증조부모인 정기락鄭基洛과 풍양조씨, 조부모인 정원식鄭元植과 진성이씨, 고考 정염鄭炎의 모두 7위이다. 차사는 설날인 정월 초하루와 추석인 팔월 보름에 지내는데, 예전에는 동지에도 지냈다고 한다.

한강은 예학禮學의 대가답게 제례 하나하나에 정성을 다했다. 이담명李聃命(1646~1701)의 『정재집靜齋集』에 따르면, 한강은 자신의 선대를 비롯하여 외가, 심지어 아들을 두지 못해 후사가 끊긴 막내 고모의 제사까지 사판祀板(제사 내역을 기록한 판자)에 기록해 둘 정도로 제례에 대한 정성과 관심이 각별했다. 한강의 이러한 정신은 하나의 가풍家風으로 이어져, 한강종가의 제사 범절은 사뭇 경건하다.

2) 불천위 제례의 면면들

종가에서 가장 중시하는 제사는 역시 흔히 '큰제사'로 불리는 불천위不遷位 제사이다. 전통사회에서는 불천위의 있고 없음이 그 집안의 격을 가늠하는 기준이 되었다. 불천위도 그 등급이 다양하여 나라에서 지정하는 '국불천위'와 사림에서 인정하는 '사림불천위'로 나뉘며, 사림불천위도 한 고을에서만 통하는 '향불천위'와 한 도에서 통하는 '도불천위'로 구분된다. 한강의 경우는 언제 불천위로 제정되었는지 자세하지는 않지만 4대 봉사가 끝나고 친진되는 무렵인 현손 정계흠鄭啓欽(1663~1722)과 5세손 정언제鄭彦濟(1682~1716) 대로 추정된다. 한강의 관직상의 직급, 학문적인 위상과 업적을 고려할 때 나라에서 인정하는 국불천위였음은 의심의 여지가 없다.

한강의 불천위 제삿날은 음력 정월 초5일이며, 부인 광주이씨는 음력 8월 27일이다. 전통적으로 한강종가에서는 단설單設로 행사하며, 둘째 잔을 올리는 아헌亞獻은 종부가 맡아서 하고 있다. 예전에는 큰제사 참여자가 100명이 넘었고, 외손 계열을 비롯한 다른 가문 또는 문중에서 참여한 사람도 많았지만 지금은 본손을 중심으로 4~50명 정도가 참여하고 있다. 그나마 이 수도 점차 줄어가고 있는데, 이는 비단 한강종가만의 사정은 아닐 것이다.

(1) 제례 준비: 정성의 다함

옛말에 '상에는 예禮를 다하고, 제사에는 정성情誠을 다해야 한다'는 말이 있다. 한강종가의 제례, 특히 불천위 제사는 이 말의 의미가 무엇인지를 행동으로 보여 주고 있다.

큰제사가 다가오면 종부 의성김씨는 손수 장을 봐서 제수를 준비한다. 한강의 불천위 제일이 정월 초닷새라 차사茶祀, 즉 설제사와 겹치기 때문에 섣달이 되면 마음이 분주해진다. 따라서 종부는 섣달 중하순이 되면 성주를 비롯하여 인근의 대구나 고령으로 가서 제수를 조금씩 챙긴다.

그나마 예전에는 마을에 사는 대소가 사람들을 비롯한 지손支孫들이 장보는 일을 거들었지만 지금은 오롯이 종부의 몫이 되고 말았다. 종부도 고령인지라 무척이나 힘든 것이 사실이지만 시집을 와서 이날 이때까지 한 번도 내색한 적이 없다.

제사가 드는 입제일入祭日이 되면 제사에 올릴 음식 마련에 분주한 가운데 성주를 비롯하여 서울, 대구 등지에서 제관들이 갖말 종택으로 모여든다. 물론 제관의 대부분은 문중 사람들이지만 외부에서 참사하는 사람도 적지 않다. 외부 인사는 한강 문인의 자손이 대부분인데, 성주 법산法山의 죽헌竹軒 최항경崔恒慶(1560~1638) 선생의 자손과 칠곡 돌밭(石田)의 석담石潭 이윤우李潤雨(1569~1634) 선생의 후손이 주류를 이룬다. 최항경과 이윤우는 한강 생전에 사랑을 가장 많이 받았던 제자들이다. 최항경은 한강의 권유로 성주에 터를 잡고 살게 되었고, 이윤우는 한강을 주향하는 회연서원檜淵書院에 종향된 인물로 한강 문인 중에서도 으뜸가는 지위에 있다. 이런 연고로 해서 이들의 후손들은 당대는 물론이고 수백 년이 지난 지금까지도 한강종가와 세의世誼를 돈독하게 이어 오고 있다.

제사 참가자들은 종가에 도착하는 대로 옛 법식에 따라 시도기時到記에 이름을 쓰는데, 시도기는 지금의 방명록과 유사하다. 이 시도기는 제사를 도울 여러 집사執事의 역할을 배정함에 있어 중요한 기초 자료로 쓰인다.

제관의 꽃은 역시 3헌관三獻官으로 불리는 세 명의 헌관獻官이다. 첫 잔을 올리는 초헌관은 으레 종손이 맡고, 둘째 잔을 드리는 아헌관은 종부의 몫이며, 마지막 잔을 올리는 종헌관은 오신 손님 가운데 나이·덕망·직위 등을 고려하여 정한다.

집례執禮와 대축大祝은 예에 밝은 집안의 원로가 맡고, 그 밖에 알자謁者·찬인贊引·봉로奉爐·봉향奉香·전작奠爵·봉작奉爵·진설陳設·척기滌器 등의 집사자가 각자에게 부여된 임무를 맡는다. 한강종택의 불천위 제사는 홀기가 매우 자세한 것이 특징이다.

(2) 제청의 마련

불천위 제사는 새벽 4시가 넘어서 지내지만 제청祭廳은 전날 밤 9시 무렵이면 마련된다. 제관들은 배석을 깔고 북쪽에 병풍을 친다. 이때 사용하는 병풍에는 한강이 무흘武屹에서의 삶을 노래한 시가 쓰여 있는데, 집안 어른인 정인화의 글씨이다.

병풍 앞에 신주를 모실 교의를 놓고 그 앞에 제상을 두는데, 제상은 높이 90㎝ 정도의 고족상이다. 제상 위에는 촛대를 올리는데, 중간 부분의 안쪽에 둔다. 제상 앞의 향안香案에는 향합香盒과 향로香爐를 올리고, 향안의 왼쪽에는 축판祝板, 오른쪽에는 주가를 둔다. 향로 앞에는 모사기, 향안 앞에는 퇴주 그릇을 두고, 제청의 오른쪽 모서리에는 관세위盥洗位를 놓는다.

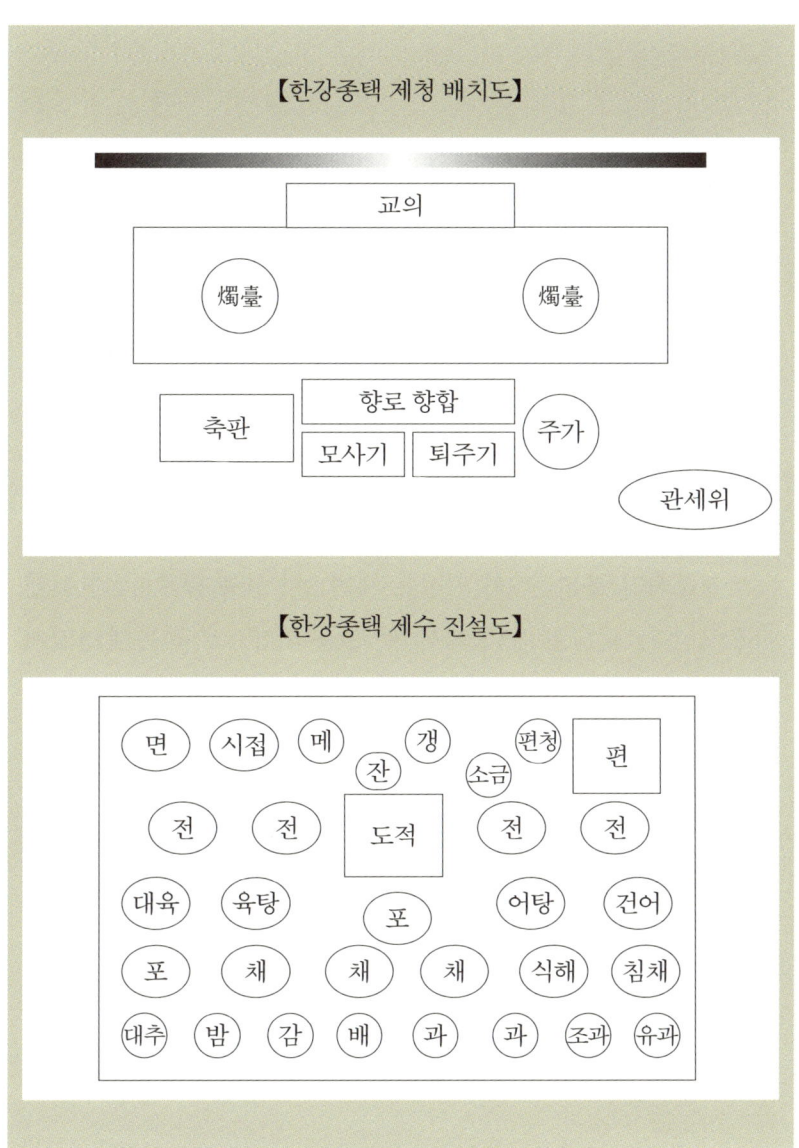

(3) 진설

　　제사 음식을 절차와 양식에 따라 배열하는 과정이 진설陳設이다. 진설은 1차 진설과 2차 진설로 구분된다. 1차 진설은 제청이 마련된 다음 과일 및 포·해를 중심으로 이루어진다. 제상의 맨 앞줄인 제1열에는 대추·밤·감·배의 순으로 과일을 진설하며 유과·조과 등도 같은 열에 진설한다. 제2열에는 왼쪽에는 포를, 오른쪽에는 식해를 놓는데, 이른바 좌포우해左脯右醢이다. 그 가운데에 근채根菜·엽채葉菜·소채蔬菜 등의 나물을 놓는다. 이상이 1차 진설이다.

　　진찬이라 불리는 2차 진설은 새벽 3시 반쯤 출주出主한 뒤에 이루어진다. 진찬은 제3열에서 제5열을 대상으로 하는데, 3열에는 어동육서魚東肉西에 따라 대육大肉은 서쪽에 두고 대어大魚는 동쪽에, 그 사이에 탕을 놓는다. 탕은 3탕을 쓰는데, 소탕을 가운데 두고 그 좌우에 육탕肉湯과 어탕魚湯을 놓는다.

　　제4열에는 지짐류인 전煎을 놓고, 제5열에는 서쪽 끝에 국수류인 면麵을, 동쪽 끝에 떡류인 편䭏을 둔다. 맨 가운데 밥과 국에 해당하는 메와 갱羹을 올리면 진설이 끝난다.

(4) 출주

사당으로 가서 신주를 모셔오는 것을 출주出主라 한다. 이 또한 형식과 절차가 있는 법이고, 한강종택에서는 홀기에 따라 엄숙하게 진행한다. 이 홀기에 따라 한강종택의 출주 절차를 살펴보면 다음과 같다.

【한강종택의 출주 절차】

- 제삿날 묘시(새벽 5~7시) 전 일각에 집례가 먼저 묘우의 뜰에 들어가 홀기를 부른다.
- 모든 제관들은 사당 문 밖에 차례대로 선다.
- 알자는 초헌관을 인도하고, 찬인은 축관을 인도하여 묘우의 뜰에 들어간다.
- 집사자가 묘우의 문을 연다.
- 초헌관 및 축관·집례·알자·찬인 모두 두 번 절한다.
- 알자는 초헌관, 찬인은 축관을 인도하여 묘우에 들어가 신위 앞에 나아간다.
- 초헌관은 북쪽을 향해 꿇어앉는다.
- 축관은 동쪽을 향해 꿇어앉는다.
- 축관이 신주를 받들어 출주한다는 고사를 아뢰면 초헌관은

허리를 굽혀 엎드렸다가 일어난다.
— 초헌관은 신주를 받들어 문을 나간다.
— 집사자가 사당의 문을 닫는다.
— 초헌관이 신주를 받들어 제청에 안치하러 가면 모든 참제원들은 뒤따라간다.

출주를 고하는 예식 문자는 다음과 같다.

18대손 철윤은 오늘 가선대부 사헌부 대사헌 겸 세자보양관을 지냈고, 대광보국숭록대부 의정부 영의정 겸 영경연 홍문관 예문관 춘추관 관상감사 세자사에 추증되었으며, 시호가 문목인 18대조 할아버지의 기일을 맞아 감히 신주를 정침으로 모셔 삼가 추모의 마음을 펴고자 합니다.

한강종택의 사당에는 불천위를 맨 서쪽으로 하여 고조고비위·증조고비위·조고비위·고위 순으로 신주가 감실龕室에 모셔져 있다. 이 가운데 불천위인 한강의 위패에는 '顯十八代祖考嘉善大夫司憲府大司憲兼世子輔養官贈大匡輔國崇祿大夫議政府領議政兼領經筵弘文館藝文館春秋館觀象監事世子師諡文穆公府君神主'라고 쓰여 있으며, 봉사손은 18대손 철윤喆允이다.

주인, 즉 초헌관이 신주를 모셔 교의에 안치하면 출주를 마치게 되고, 이어 갱과 탕을 진설하면 참신의 예가 시작된다.

(5) 참신례와 강신례

제관 모두가 신위에 인사드리는 것이 참신례參神禮이다. 한강종택에서는 더운 음식을 올리는 2차 진설 뒤에 행한다. 제관들이 제복을 입고 도열하면 진설을 맡은 집사가 메와 갱 등 더운 음식을 올린 다음 축관이 신주를 담은 주독主櫝을 열면 참사자 전원이 참신재배를 한다.

강신례降神禮는 향을 피우는 분향焚香, 술을 모사茅沙 위에 부어 강신을 비는 뇌주酹酒 및 강신재배로 구성된다. 다른 집안에서는 참신보다는 강신의 절차가 자세한 편인데 한강종택은 이와 반대로 참신이 자세하고 강신례는 오히려 간단한 편이다.

집사자들이 자리를 잡으면 주인이 신위 앞으로 나아가 꿇어앉는다. 향과 향로를 맡은 봉로奉爐가 향로와 향합을 받들어 향안香案에 안치하면 주인은 향을 세 번 태운다. 한강종택에서는 분향 이후에 분향재배를 하지 않고 바로 뇌주례를 행한다.

술동이를 맡은 사준司罇이 주가酒架에 있는 반잔盤盞에 술을 따르면, 초헌관이 그 잔을 받아 눈높이만큼 받들어 헌작하고 이어서 모사 위에 세 번 나누어 붓는데, 이것이 뇌주례이다. 이 예를 마친 주인은 신위 앞에 두 번 절하고 제자리로 돌아간다.

(6) 초헌례初獻禮

술을 올리는 절차가 헌례인데, 모두 세 잔을 올린다. 첫 잔을 올리는 초헌례는 종손이 행하며, 헌작獻爵, 제주祭酒, 진적進炙, 독축讀祝, 재배 순으로 이루어진다.

초헌관이 신위 앞으로 나오면 사준이 반잔에 술을 따른다. 초헌관은 그것을 받아 눈높이만큼 받들어 헌작한 다음 집사자에게 건넨다. 집사자는 그 잔을 받아 신위의 자리에 올린다.

헌작이 끝나면 집사자가 구운 고기인 적炙을 올리는데, 술을 드렸으므로 안주를 드시라는 뜻이다. 초헌 시에는 육적肉炙, 즉 익힌 돼지고기를 쓴다. 적을 올린 뒤에는 탕기의 뚜껑을 모두 벗기는데, 메와 갱의 뚜껑은 그대로 두었다가 숟가락을 바닥이 동쪽을 행하도록 밥그릇에 꽂고 젓가락을 국그릇 위에 바르게 놓는 절차인 삽시정저挿匙正箸 때에 벗긴다.

주인이 조금 물러나 신위를 향하여 무릎을 꿇고 앉으면 축관祝官이 주인의 왼쪽으로 나와 제수를 흠향하시라는 내용의 축문을 읽는다. 한강종택의 축식을 간략하게 정리하면 다음과 같다.

> …… 해가 바뀌어서 기일이 다시 돌아옴에 시간이 지날수록 느꺼워 길이 사모하는 마음을 이길 수가 없습니다. 삼가 맑은 술과 여러 가지 음식으로 공경히 제사를 올리오니 흠

향하시옵소서.

축관이 축문을 읽는 동안 제관들은 부복하여 대기하고, 축문을 다 읽으면 주인은 일어나 신위 앞에 두 번 절하고 축관과 함께 자신의 자리로 돌아간다.

(7) 아헌례亞獻禮와 종헌례終獻禮

두 번째 잔을 올리는 아헌례는 종부의 몫이다. 주자의 『가례家禮』에도 아헌은 총부冢婦, 즉 주부 또는 종부가 하는 것으로 규정되어 있다. 그러나 대부분의 집안에서는 외부에서 온 손님 또는 제사에 참여한 사람 가운데 연장자에게 맡기는 예가 많다. 하지만 한강종택에서는 전통적인 예법에 따라 종부가 아헌을 한다. 이런 규정과 절차는 홀기에도 명시되어 있다.

【아헌의 절차】

- 집사자가 잔을 물린다.
- 주부(종부)는 배위에서 동쪽을 향해 꿇어앉는다.
- 사준이 술을 따른다.
- 봉작이 주부에게 잔을 건넨다.

- 주부는 잔을 받아서 헌작하고 잔을 집사에게 주어 신위 앞에 올린다.
- 집사자가 적을 올린다.
- 주부는 허리를 굽혀 엎드렸다가 일어나 네 번 절한다.
- 주부는 제자리로 돌아간다.

다만 아헌관인 종부는 제청으로 나오지 않고 정침의 왼쪽 방에서 예를 행한다. 집례가 아헌관은 배위에 나아가라고 외치면 종부는 방에 별도로 마련된 절하는 자리로 나아간다. 사준이 반잔에 술을 따르고 봉작을 맡은 집사가 이 반잔을 종부에게 건넨다. 종부는 그것을 받아 헌작한 뒤 봉작에게 건네면 봉작은 전작에게 반잔을 올리게 한다.

잔을 올린 뒤에는 적을 올리는데, 초헌 때와는 달리 계적鷄炙, 즉 닭고기를 쓴다. 이때 종부는 제상을 향하여 네 번 절하고 자신의 본래 자리로 돌아간다.

아헌 뒤에 이어지는 종헌은 아헌과 그 절차가 비슷하며, 이때에는 초헌 때의 육적, 아헌 때의 계적과 달리 어적魚炙을 쓴다.

(8) 첨작례添酌禮

술을 드린 다음에 신에게 식사를 권하는 예가 유식례侑食禮인데, 유식례는 종헌한 잔에 다시 술을 가득 채우는 첨작과 삽시정저로 구성된다. 경우에 따라서는 합문례와 계문례를 포함시키기도 한다. 한강종택에서는 첨작과 삽시정저, 유식을 위해 문을 닫는 합문闔門, 유식이 끝나고 문을 여는 계문啓門, 숭늉을 올리는 헌다獻茶를 첨작례로 규정하여 홀기에 명기하고 있다.

【첨작례의 절차】

- 초헌관이 신위 앞으로 나아가 꿇어앉는다.
- 사준이 술을 따른다.
- 헌관은 헌작하고 집사자에게 주어 신위 앞에 올리고 술잔에 술을 더한다.
- 집사자는 메 뚜껑을 열고 숟가락을 꽂고 젓가락을 제자리에 놓는다.
- 헌관은 허리를 굽혀 엎드렸다가 일어나 조금 물러나서 두 번 절한다.
- 헌관은 내려가 제자리로 돌아간다.
- 모든 집사는 병풍으로 제상을 가리고 제청에서 나온다.
- 모든 참제원은 부복한다.
- 축관은 일어나 세 번 기침 소리를 낸다.
- 모두 일어난다.

- 전작과 봉작은 신위 앞으로 나아간다.
- 집사자들은 병풍을 연다.
- 숭늉을 바쳐 갱을 교체한다.
- 모두 국궁한다.
- 축관이 세 번 기침 소리를 내면 모두 평신한다.
- 집사자는 숟가락과 젓가락을 내리고 메 뚜껑을 닫는다.
- 축관은 초헌관의 앞으로 나아가 서로 상대를 향하여 예를 표하고 예필禮畢을 고한다.

신이 식사를 하는 동안 제관들은 제청으로 물러나 편안하게 식사하시도록 한다. 제청이 사랑일 경우에는 방문을 닫고 밖에서 기다리지만 한강종택과 같이 제청이 대청일 경우에는 병풍으로 가려서 합문의 예를 행한다. 이를 위해 한강종택에서는 합문용 병풍을 따로 마련해 두고 있다.

제사의 절차가 모두 끝나면 제사를 무사히 마쳤다는 뜻으로 '이성利成'을 고한다. 이것이 고이성告利成인데, 축관이 주인의 앞으로 나아가 서로 예를 표한 다음에 '이성'이라고 외친다. 지역이나 집안에 따라서는 예롭게 마쳤다는 의미에서 '예성禮成'이라 외치는 곳도 있다.

(9) 사신례

　제례를 마치고 조상과 헤어지는 예식이 곧 사신례辭神禮이다. 가문에 따라서는 '고이성'에서부터 사신의 예를 행하기도 하고 숟가락과 젓가락을 내려놓는 하시저下匙箸부터 행하기도 하지만, 한강종택에서는 사신재배부터 사신례로 규정하고 있다.
　사신례는 간단한 편이다. 이성을 고한 뒤에 참사자 전원이 신위를 향해 두 번 절하고 신을 보내드린다. 이때 집사자는 음식상을 거두어 치우는 철상撤床의 의미로 잔을 내려놓는다.
　사신례는 사실상 제사의 종결을 뜻하며, 이제 신주를 다시 사당으로 모셔야 한다. 주인이 주독을 닫으면 축관은 축문을 태운다. 주인이 신주를 모시고 사당으로 나아가면 참사자 전원이 뒤를 따른다. 출주 때와 마찬가지로 집사자들이 문을 열며, 주인이 신주를 감실에 안치하고 나온 뒤에 집사자들이 문을 닫는다.
　주인이 사당의 외삼문 밖에서 사당을 향하여 읍하고 돌아오면 철상이 진행되고 여제관女祭官들은 음복을 준비한다. 음복은 참사자 모두 그 자리에서 하고, 인근의 마을 주민들에게는 아침에 음복을 돌린다.

2. 종가의 가전 음식

요사이 종가 음식에 대한 열기가 매우 뜨겁다. 정부나 지방자치단체에서는 경쟁적으로 종가의 전통음식을 발굴하여 소개하는 자리를 마련하고 있다. 이런 열기는 학문과 접목되어, 종가 음식의 연구 및 재현에 관심을 가지는 연구자가 심심찮게 눈에 띄고 있다. 역사와 전통을 자랑하는 집안의 음식은 무언가 특별한 점이 있을 것이라는 기대 때문일 것이다. 어찌 보면 음식문화는 한 집안의 '안살림'의 상징이라 해도 지나친 말이 아니고, 그것은 오랜 경험 속에서부터 축적된 것이라는 점에서 우리 모두의 값진 문화자산이 된다.

종가의 주요 일상이 손님을 맞아 대접하는 접빈객接賓客, 선대의 제사를 받드는 봉제사奉祭祀라고 한다면 접빈객에 있어 빼놓을 수 없는 것이 음식이다. 한강종가의 특별한 음식을 꼽자면 '약감주'가 있다. 감주가 무슨 특별한 음식인가 싶지만 이 약감주는 한강 종부만의 특별한 비방으로 만들어진다.

한강종택의 약감주

만드는 방법은 여느 감주와 크게 다르지 않지만 골담초, 인진쑥, 익모초, 가시오가피, 야콘 등 건강에 좋은 한약 재료를 풍부하게 넣어 만들기 때문에 그 맛이 일품이다. 특히 이들 재료의 대부분은 종부가 직접 재배한 것이라 그 정성 또한 예사롭지가 않다.

약감주의 조리 방식은, 위의 재료들을 가마솥에 넣고 물을 부어서 하룻밤을 달인다. 달인 물에 엿기름을 삭히고 시루에 찐 밥인 지에밥을 넣어 약감주를 완성한다. 얼핏 보기에는 빛깔이 거무스레하고 쓴맛 또한 강하여 입성이 사나운 사람에게는 거부감이 들 수 있다. 하지만 한 번 맛을 본 사람은 그 맛을 잊을 수가 없고, 특히 한여름에 더위를 떨치는 데에는 이보다 좋은 음식이 없다고 한다.

제4장 **종가의 건축문화**

한강종택이 있는 갓말 전경

한강종택 입구

양반이 자신들의 신분과 지위에 걸맞게 행세하기 위해서는 먼저 문집으로 상징되는 글이 있어야 하고, 번듯한 종택이 있어야 하며, 천하의 길지를 잡아 조상을 모실 수 있어야 했다. 영남 양반의 후예들이 선조의 문집 발간과 종가의 건립에 열을 올린 이유도 여기에 있었다.

예로부터 호서 양반들은 묘소 사치가 심하고, 영남 양반들은 집 사치가 심하다는 말이 있다. 종족 관념이 다른 지역에 비할 바가 아니었던 영남 양반들에게 있어 종택은 결코 '종손이 사는 집'에 한정되지 않았다.

종택에는 공동의 조상을 모시는 사당이 있기에 온 문중 사람들의 정신적 구심점이 되었고, 너른 대청은 일문의 의사를 결정하는 회의의 공간인 동시에 화합과 결속을 다지는 친목의 장이었다. 그리고 자손이라면 누구나 드나들 수 있는 열린 마당으로서 말 그대로 '큰집'이었다.

종가의 종족적 기능이 위와 같다면 사회적 기능은 따로 있었다. 종가는 한 집안을 대표하는 상징적인 건물로서 다른 집안, 다른 문중의 사람들이 방문하는 사교와 연대의 공간이었고, 혹여 서울의 귀한 사람이라도 다녀가면 금세 유가의 명소가 되곤 했다. 종가의 사회적 기능은 종가 건물을 좀 더 웅장하고 규모 있게 짓고 싶은 욕구를 부채질했고, 영남과 같이 토착적 성격이 강하고 재지적 활동이 활발한 분위기 속에서는 그런 경향이 더욱 농

후해졌다. 그리하여 영남의 이름난 종가라면 으레 솟을대문에 '입 구'(口) 자형의 웅장한 기와집을 보유했던 것이다.

성주군 수륜면 수성리 갓말에 소재한 한강종택은 한강이 유촌에서 이곳 갓말로 이거한 이래 한 터에서 450년을 살았으니 그 역사성은 미루어 짐작할 수 있다. 다만 영남의 여느 집안의 종택에 비하면 그 규모가 무척 검박한 편이다. 지금은 솟을대문도 없거니와 종가 건축의 전형인 '口' 자 형태도 아니다. 안채와 사랑채를 비롯하여 사당까지 건물 3동이 종가 건물의 전부이다. 비록 규모는 소박하지만 건물에서는 정갈함이 느껴지고 선비가의 묵향墨香 또한 물씬 풍긴다.

1. 한강종택 안채

　한강종택의 안채는 '一' 자형 평면에 정면이 5칸, 측면이 1.5칸이다. 지붕은 3량가의 맞배지붕의 구조를 지니고 있다. 안채의 두 칸은 대청인데, 이 부분에만 도리기둥을 사용하여 웅장함을 더하고 있다.
　대청의 오른쪽으로 1칸 규모의 방이 있고, 왼편으로는 각 1칸 규모의 방과 부엌이 연이어 배치되어 있다. 왼편에 있는 방이 현재 종부가 생활하는 공간이다. 이동의 편의를 위해 이 방과 부엌 사이에 문을 둔 것이 특징적이다. 오른편 방 앞에는 약 50㎝ 정도의 퇴를 두어 누마루와 같은 효과를 내고 있다. 안채 뒤로는 대나무가 울창하게 자라 고가의 격조와 풍모를 돋우고 있다.

한강종택 안채

한강종택 사랑채

2. 한강종택 사랑채

사랑채는 정면 2칸, 측면 2.5칸 규모이며, 지붕은 3량가의 팔작지붕이다. 지붕의 처마각이 다른 집에 비해 날렵한 느낌을 주는 것이 특징이다. 역대 한강 종손들은 바로 이곳에서 생활하며 공부를 했을 것이고, 또 집안의 중요한 일이 생기면 여기서 중대한 결정을 내리고 추진했을 것이다.

3. 한강종택 사당

　　불천위인 한강과 현 종손의 4대 조상의 위패를 모신 곳이다. 가묘家廟라 하는 것이 예제에 맞지만 일반적으로 사당으로 부르고 있고, 불천위가 있는 경우는 부조묘不祧廟라 일컫기도 한다. 본디 불천위는 별묘別廟를 지어 모시는 것이 합당하지만 대부분의 양반 가문에서는 4대의 신주가 있는 가묘에 함께 모시고 있다.

　　한강종택의 사당은 안채의 북동쪽 경사지의 토담 안에 있다. 정면 3칸, 측면 1.5칸의 홑처마 맞배지붕의 구조를 가지고 있다. 종가는 종손이 생활하는 주거공간과 조상의 신주를 모시는 가묘공간으로 구성되는 것이 원칙이다. 가묘는 종가의 부속 건물이기보다는 독립적 건물로 보는 것이 옳은데, 독자적인 담장을

(위) 한강종택의 가묘 (아래) 한강종택 사당 내부

갖춘 것도 이 때문이다.

그리고 가묘의 위치에 대해서는 주자의 『가례家禮』에는 정침의 동쪽으로 규정되어 있으나, 지형 또는 지세에 따라 조금 달라질 수 있다. 한강종택의 사당 위치가 바로 이런 경우에 해당한다.

현존하는 한강종택의 사당은 1992년에 새로 지은 것이다. 그 내력은 사당 앞에 세워져 있는 비석에 자세하게 기록되어 있는데, 비문의 지은이는 현 종손의 아버지(선고)이자 한강에게는 17대 종손이 되는 정염鄭炎이다. 비문에 따르면, 사당을 중건해야 한다는 논의가 시작된 것은 1990년이었고, 1991년부터 공사에 들어가 이듬해인 1992년에 준공하였다. 공사비의 대부분은 청주 정씨 유촌종중, 지촌종중 등 자손들이 부담하였고, 특별 찬조한 사람도 30여 명에 이른다. 특별 찬조자의 대부분은 한강 문인들의 자손들인데, 이런 것에서도 학문의 위대함과 생명력을 느끼게 한다.

제5장 **종가의 일상과 가풍**

1. 종가의 일상: 종부의 삶

한강종택에는 남자 주인이 없이 종부 의성김씨가 혼자 500년 유서 깊은 고가를 지키고 있다. 부군 정염鄭炎은 여러 해 전에 세상을 버렸고, 지금 종손인 맏아들 철윤喆允은 캐나다에 살고 있기 때문이다.

올해 일흔한 살인 종부 김기金淇는 안동 내앞(川前) 사람이다. 진성이씨 퇴계 가문, 풍산류씨 겸암謙庵 류운룡柳雲龍・서애西厓 류성룡柳成龍 가문 등과 함께 안동의 터줏대감으로 불리는 의성김씨 청계青溪 김진金璡 가문이 그의 친정이다.

8남매 가운데 넷째로 태어난 종부는 안동여고를 나와 세무서에서 근무했다. 그 시절 여느 반가의 여성들처럼 나이 스물두 살 되던 해에 집안 어른들의 결정에 따라 갖말로 시집을 왔다. 물론 혼인 전에 신랑의 얼굴을 본 적은 없다.

친정 어른들로서는 놓치고 싶지 않은 혼처라 혼인을 서둘렀을 것이다. 그냥 갖말 청주정씨 집안에 시집을 와도 괜찮은 자리인데 퇴계의 으뜸 제자인 한강 집안의 종부였으니 두말할 나위가 없는 것이다.

1962년에 시집을 왔으니 종부가 갖말 정씨 집안사람이 된 지도 어느새 50년이 되었다. 반백 년 세월을 거치는 동안 갖은 풍상과 고락을 겪었지만 슬하의 4남매(2남 2녀)가 반듯하게 자라 준 것은 그녀의 삶에 있어 커다란 위안거리이다.

1) 어린 시절

종부의 아버지는 세무공무원이었고, 어머니는 얌전하고 고운 분이었다고 한다. 어려서 증조부, 조부모를 모시고 살았던 탓에 어른을 섬기는 법은 생활 속에서 자연스럽게 익힐 수 있었.

그녀의 표현에 따르면, 자신의 친정은 그리 대단한 양반도 아니고, 또 큰 부자도 아니었지만, 가정교육 하나는 철저했던 것 같다. 부모에게 효도하라는 말은 일상생활에서 귀에 못이 박히도록 들었지만 전혀 거북하지 않았다. 왜냐하면 할아버지는 증조할아버지께, 부모님은 조부모님께 효를 몸소 실천하며 살아 있

이종악의 『허주부군산수유첩』에 실린 내앞마을
종부 의성김씨의 친정마을
(장서각 소장, 고성이씨 임청각 기탁자료)

의성김씨 내앞종택. 종부 의성김씨의 친정 종가. 경북 안동시 임하면 천전리

는 교육을 하는 가정에서 자랐기 때문이다. 다른 것은 몰라도 그녀의 친정이 대단한 양반이 아니라는 말은 사실이 아닌 것 같다. 앞에서도 잠시 언급하였지만 내앞의 의성김씨는 안동사회에서 '천김수류川金水柳' 즉 '내앞의 의성김씨와 무실의 전주류씨'로 불리며 주변 양반들의 경외의 대상이 된 집안이기 때문이다.

2) 한강종가의 차종부: 스물두 살에 정해진 운명

그것이 우연이지 필연인지는 몰라도 그녀의 한강종부로서의 운명은 세무서에 다니던 스물두 살에 정해지게 된다. 하루는 낯선 부인이 집으로 왔는데, 그냥 손님인 줄 알았지 그분이 훗날 시어머니가 될 사람일 줄은 꿈에도 생각하지 못했다. 그랬다. 시어머니는 며느리 될 사람의 선을 보러 오신 것이었다. 안동 출신으로 퇴계 선생의 후손이었던 시어머니는 이런 저런 연비관계를 바탕으로 아들의 배필이자 자신의 뒤를 이을 한강종가의 종부를 물색했던 것이고, 마침내 후일 며느리가 될 사람의 친정으로까지 찾아왔던 것이다.

종부는 영문도 모른 채 정성스럽게 전을 부쳐 손님에게 권했지만 무슨 까닭인지 손님은 전을 입에도 대지 않고 찬물만 마시고 갔다고 한다. 나중에 안 사실이지만 당시에는 혼담이 있는 집에 가서 찬물을 마시면 혼사가 이루어진다는 속설이 있었다. 결국 시어머니는 처자가 마음에 들었기 때문에 찬물만 마시고 간 것이었다. 이런 내막을 거쳐 그녀는 안동에서 수백 리 떨어진 성주로 시집을 오게 되었다.

당시 27세였던 남편 정염은 그녀보다 다섯 살이 많았다. 안동에서 고등학교를 마치고 서울에서 대학을 다닌 그는 당시로서는 매우 개명한 사람이었다. 그가 안동에서 고등학교를 다닌 것은 아버지가 직장 때문에 문경에 살고 있었기 때문이며, 성주 갖말은 태어난 곳일 뿐 성장기의 대부분은 객지에서 보냈다.

서울에서 대학을 다니며 도시물을 먹은 개명한 남편은 비록 반가 출신이기는 해도 시골 처녀를 탐탁지 않게 여겨 혼사를 선뜻 받아들이지 않았다고 한다. 하지만 서울 처녀를 도저히 다음 종부로 들일 수 없었던 시부모의 완강한 뜻에 따라 두 사람은 마침내 부부의 연을 맺게 된다.

그러나 성장 환경이 서로 달랐던 두 사람은 혼인은 했지만 부부간의 정이 깊지 못했다. 혼인 후에도 신랑은 서울에서 직장에 다녔고, 신부는 첫 딸을 낳을 때까지 시부모를 모시고 문경에서 살았기 때문에 떨어져 있을 수밖에 없었다.

그 후 신부는 1965년경 둘째 딸을 임신한 상태로 시부모를 모시고 갖말 종가로 들어왔고, 1966년 해산한 뒤 서울로 올라가 사실상의 신접살림을 차리게 되었다. 신랑과 함께 살게 된 것은 더없는 기쁨이었지만 연거푸 딸을 낳은 차종부의 심사가 편할 리가 없었다. 시아버지와 남편까지 두 대에 걸쳐 외동이었으니 아들을 낳아야 한다는 강박관념도 날로 커져만 갔다. 오죽했으면 세 번째도 딸이면 자식들을 다 남겨 두고 영영 집을 떠날 생각을 했겠는가.

아들에 대한 지극한 염원 때문이었을까. 신부는 마침내 1968년 10월 7일에 맏아들을 낳았고, 이듬해에는 둘째 아들까지 낳아 전날의 설움을 한꺼번에 보상받았다. 하지만 호사다마란 말도 있듯이 세상은 그리 호락호락하지 않았다. 네 자식을 돌보며 서울 생활에 적응해 가던 중 남편이 그만 직장을 잃게 되었다. 그리하여 신부는 남편을 서울에 남겨 둔 채 어린 자식들만 데리고 종가가 있는 갓말로 돌아오게 된다. 그때가 1970년으로 그녀의 나이 서른이었다.

이후 신부는 7년 동안 시부모를 모시고 농사를 지으며 집안일을 돌봤다. 당시 한강종가는 살림이 풍족하여 먹고사는 것은 별 문제가 없었지만 신랑과 떨어져 사는 시집살이가 만만할 리 없었다. 네 살 위의 시숙모(鄭弘植의 부인 순흥안씨)를 의지하여 집안일을 배운 것은 그나마 다행이었지만 혼자서 아이들을 키우며 시부모를 모시고 살면서 생긴 몸 고생, 마음고생은 이만저만이 아니었다.

이때 신부를 지탱시켜 준 것은 친정어머니였다. 일꾼들 새참인 국수를 삶다가 친정어머니의 편지를 받으면 부뚜막에 앉아

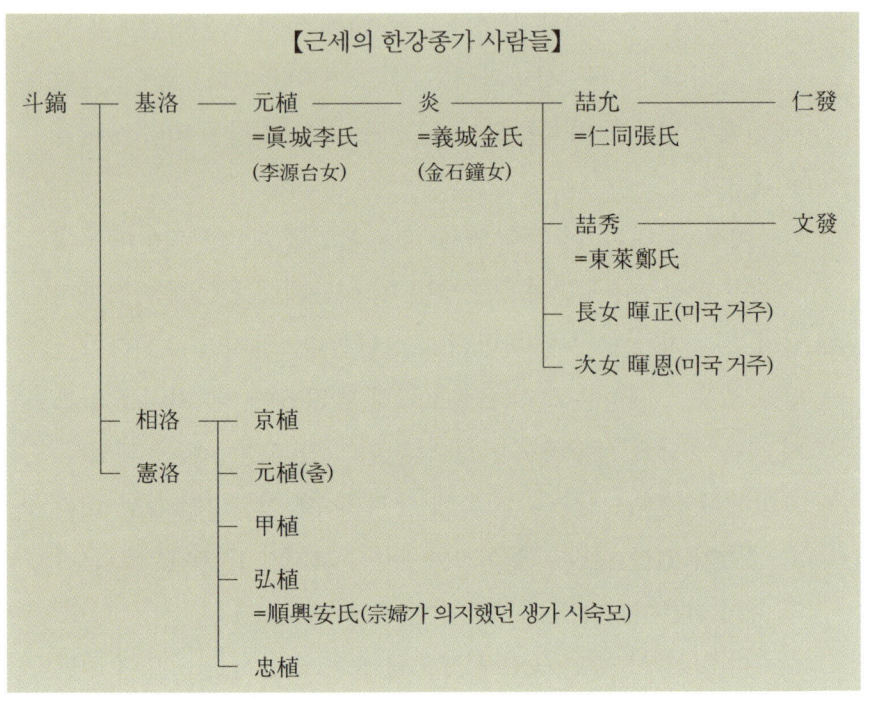

읽고 또 읽으며 눈물로 편지를 적시기가 일쑤였다.

어제는 꿈에 네가 보였다. 그래 정실鄭室아, 참고 견디면 좋은 날이 있다. 사람이 살다 보면 가시밭도 걷고 물도 건너고 산도 넘는데, 네가 지금은 가시밭길을 걸어가지만 언젠가는 너도 좋은 길을 갈 날이 있지 않겠느냐. 아! 저 어린 4남매가 무슨

> 죄가 있겠느냐. 때리지 말고 아이들 잘 거두어야 너도 나중에
> 효성을 받는다.……
> 　　　　　　　　　　　「친정어머니가 딸 정실에게 보낸 편지」

　친정 부모와 동기들의 따뜻한 사랑을 받으며 힘든 세월을 넘겨 온 신부는 나이 50에 접어들면서 자신의 삶을 운명으로 받아들이게 된다.

3) 종부로서의 삶과 인내의 미덕

　35년 동안 한강 종손으로 살았던 시아버지 정원식鄭元植이 1980년에 작고하고, 그 이듬해인 1981년에는 시어머니 진성이씨마저 세상을 떠남으로써 신부는 이제 한강종가의 어엿한 종부가 되었다. 이때 그녀의 나이는 40대 초반이었다.
　종부로서의 책임감 때문이었을까. 그녀는 어려운 환경 속에서도 제사를 모시고 손님을 접대하는 종부로서의 책무만큼은 조금도 소홀히 하지 않았다. 제사 및 자손 교육에 대한 종부의 소회를 잠시 옮겨 본다.

> 제사 같은 것은 내가 자랄 때 어머니 따라다니면서 많이 거들어 줬어. 그러니 생소하지는 않아. 그리고 또 타고났는지 제사

어설프고 싫지는 않더라. 힘들어도 귀찮지는 않고 오히려 즐겁고 좋지. 그리고 또 나는 사람 많이 오는 거 좋아하고…… 근데 많으면 좋아요. 즐거운 마음으로 뭐 어차피 내가 할 거 남한테 미룰 수도 없고, 또 내가 할 일이고 내 책임인데 즐거운 마음으로 해야지. 몸이 건강해야 그렇게 할 텐데 아프면 또 다를 수도 있겠지 뭐…… 이삼일 전부터 사야 할 물건을 적어서 즐거운 마음으로 장을 봐서 아들 오면 아들하고 같이 얘기하면서 떡 만들라 그러고, 손자들한테도 떡 만들라 그러고, 또 절하라 그러고. 애들도 이제 제사에 오면 제사에는 떡을 하고 절을 해야 한다는 것을 손자들이 알더라고.…… 또 저 애비하고 사당에 올라가서 청소하라고 시키고, "청소하기 전에 할아버지께 절부터 하고, 청소를 마치면 깨끗하게 닦았다고 또 절을 해라"고 시키는데, 이런 것은 어릴 때부터 시켜야 되는 것 같더라고. 어느 날 갑자기 이렇게 하라고 시키면 거부반응이 생기잖아. 어릴 때부터 늘 할배를 보면 절하고, 사당에 가면 절하고, 웃어른 만나면 절하라 시키고, 동네 나가면 절하라고 시키면 잘 해요. 그저 기본으로 그런 거지 뭐.

종부는 슬하에 2남 2녀를 두었는데, 힘든 세월을 지내느라 자녀들에게 살뜰하지 못했던 것이 가장 미안하다고 한다. 오히려 자식들은 어머니의 사정을 잘 이해하고 있고, 가정을 지켜 준 것에 감사해 한다. 또한 자녀들은 할아버지에 대한 향수가 깊으면서도 자신들의 현재의 삶이 있도록 해 준 아버지에 대해서도 고마워하고 있다.

현재 자녀들의 대부분은 외국에 나가 있다. 큰아들은 캐나다에 살고 있고, 두 딸은 미국에 살고 있다. 그나마 서울에 살고 있는 막내아들 내외가 수시로 왕래하고 있고, 제사 때면 반드시 내려와 일을 돕고 있다.

4) 종부의 소망

종부가 종가로 들어와 산 지는 올해로 8년째가 된다. 종가를 지키고 있는 것에 대해 지손들이 고맙게 생각할 때 가장 보람을 느낀다. 종가를 찾아오는 사람이 있으면 함께 차를 마시며 즐거운 이야기를 나누기도 하고, 일주일에 이틀은 대구에서 취미생활을 한다. 그녀의 취미생활은 사단법인 담수회淡水會에서 주관하는 예절교육이나 교양강좌 등인데, 무척이나 흥미 있어 한다.

종부에게는 긴요한 바람이 하나 있는데, 그것은 곧 종가의 내일과 관련된 문제였다.

> 내가 사는 동안 집을 뜯어서 규모를 좀 더 키우고, 사당도 너무 좁으니까 조금 더 넓혀야 해요. 이 앞도 우리 땅이거든. 여기

다가 사랑채를 하나 짓든지 해서 문화재로 등록이 되면 영원히 보존되잖아요. 내가 만약 없어도 대문 하나 탁 달아 놓으면, 뭐 문중에서 약이라도 치고 월급을 주면 관리인이 관리도 해주고, 이렇게 하면 집이 보존이 되는데, 우리 아이들이 와서 있어라 해도 아직은 시기상조잖아요. 그렇지요? 앞으로 20년, 30년 후에라도 길이 보존되어야 하는데 걱정이에요.

종부은 한강종가로 시집을 와서 결코 순탄치 않는 삶을 살았지만 종가만큼은 영원히 잘 보존되기를 갈망하고 있다. 이것이 곧 '큰집'을 지키는 사람들의 한결같은 마음인 것이다.

2. 종가의 가풍: 과거에서 현재까지

　　청주정씨 한강 가문이 경상도 성주 땅 갓말에 뿌리를 내린 것은 16세기 중엽이고, 그로부터 450여 년간 18대를 이어 오는 동안 영락없는 경상도 사람이 되었다. 우선 말이 그렇고, 예법도 그렇다. 어디 이뿐이겠는가. 의식주를 비롯한 살아가는 방식 전반이 영남의 다른 양반들과 별반 다를 것 없어 보인다.

　　하지만 이 집안사람들을 가만히 들여다보면 여느 영남 사람들과는 구별되는 특징을 발견하게 된다. 그것은 '천재성', '당당함과 도도함', '실용성과 실천성', '의로움과 깐깐함', '문학성', '효우와 청빈' 등으로 요약할 수 있는데, 이 모든 것은 한강에게서 유전된 것이 많았다.

한강이 누구인가. 그는 고려 말에 재상을 줄줄이 배출한 것도 모자라 조선조에 들어와서는 개국공신까지 지낸 선조를 둔 당대 최고 명문가의 자제였다. 비록 그는 성주서 태어났지만 한강 형제들의 의식 한켠에는 대대로 서울에서 살며 최고의 권력과 양질의 문화를 향유한 가문의 자제라는 일종의 우월의식이 존재하였다. 그가 영남의 유수한 토박이 양반들과 어울리면서도 전혀 주눅 들지 않은 것은 문벌에 대한 자부심이 있었기 때문이었다. 여기에 학문적 천재성이 가미되면서 한강은 세상 누구에게도 꿀리지 않는 조건을 갖추게 되었던 것이다. 이런 천재성과 당당함은 퇴계조차 당황스럽게 하였으니, 주변의 다른 사람들에게는 지나친 도도함으로 비치고도 남음이 있었다.

한강은 쉽사리 누구를 인정하지는 않으면서 다른 사람의 인정을 이끌어 내는 매력을 지니고 있었다. 그는 어디를 가도 좌장座長이 되었고, 그때마다 자신만의 독특한 권위를 만들어 갔다. 아무리 친숙한 제자라 할지라도 그의 앞에서는 옷깃을 여며야 했고, 말과 행동을 삼가야 했다. 그런 권위는 실력이 전제되었기에 일생토록 조금도 추락하지 않았고, 오히려 많은 사람들을 자신의 주변에 모여들게 했다.

한강의 학문은 당대 최고의 수준이었지만 그의 지식은 이론과 관념에 매몰되지 않고 항상 새로운 것을 추구하고 지향했다. 부임하는 곳마다 읍지를 편찬하여 국가와 사회 그리고 개인에게

도움이 되게 했고, 학생들을 지도함에 있어서는 무서울 정도로 진지한 자세로 임했다. 공부는 취미 삼아 하는 것이 아니고 하려면 제대로 해야 한다는 지론 때문이었다.

한강은 의로우면서도 인정스런 사람이었다. 동문 정인홍의 기세가 하늘을 찔렀어도 의롭게 대처하며 지조를 굽히지 않았고, 이른바 '전은론全恩論'을 주장하며 어느 왕자의 선처를 호소할 때는 세상에 그보다 더 인정스럽고 관대한 사람이 없었다. 또한 한강은 윗사람에게는 효도를 다하여 본가와 외가 그리고 처가를 가리지 않았고, 동기들 간의 우애를 귀하게 여겨 나이가 들었어도 두 형을 어버이처럼 섬겼다. 큰집 질녀 둘을 정성을 다해 양육하여 훌륭한 배필을 골라 시집을 보냈을 때는 영남의 사림사회가 그의 우애를 칭송했다.

이러한 행위와 모습들은 한강 당대에는 사회적 교훈이자 미담이 되었고, 그의 사후에는 중요한 정신적 자산이 되어 자손들에게 유전되어 갔다. 조상을 빼닮지 못했다는 뜻인 '불초不肖'를 가장 수치스럽게 여긴 조선의 양반사회에서 조상을 본받으려 하지 않는 후손은 없었을 것이다.

그러나 중요한 것은, 그 본받음의 수준과 질은 어떤 조상을 두었는가에 따라 달라질 수밖에 없다는 점이다. 이 점에서 한강이 그의 후손에게 물려준 정신적 유산은 매우 수준이 높은 것이었고, 후손들은 그것을 대대로 이어 가며 가풍으로 정착시켰다.

아들 장樟의 문한, 손자 유희惟熙의 호학好學의 품성과 지극한 효성은 아버지와 할아버지의 모습을 오롯이 이어받은 것이었고, 6세손 동리東里의 엄중하면서도 고결한 인품에서는 회연초당과 무흘정사를 거니는 한강의 풍모가 느껴진다. 임금의 부름에도 몸을 일으키지 않았던 8세손 위煒의 처신에서는 학문을 위해서는 출세도 마다할 줄 아는 학자 집안의 유풍을 확인할 수 있고, 비록 종손은 아니지만 13세손 재기在夔 및 재화在華의 총명과 학문에 대한 무서운 열정은 젊은 날의 한강을 연상케 한다. 그리고 14세손 종호宗鎬의 파리장서 참여는 대의大義의 실천이라는 점에서 경의敬義를 더없이 강조했던 한강의 의리관의 근대적 계승이었다.

비록 한강종가 사람들은 후대로 올수록 부귀와는 멀어졌지만 선조 한강의 모범적인 학자상, 효성과 우애가 지극한 인간상, 의리에 철저하면서 실용학을 추구하며 시대를 포용하려 했던 지도자상을 정신적 지표로 삼아 집안을 유지해 왔다. 이런 전통과 가풍은 강인한 인자가 되어 다음 시대로 또 이어질 것인데, 그 중심에 올해 나이 마흔넷인 종손 철윤喆允이 존재하고 있다.

우리는 누구도 예측할 수 없을 정도로 빠르게 변화하고 내일 일어날 일을 오늘 감히 예견하기 어려운 시대를 살고 있지만, 한강종가 사람에게는 저력과 뚝심이 있고, 수백 년 역사 속에서 온축된 지혜가 있기에 이런 세태조차도 슬기롭게 극복하면서 다음 시대에 걸맞은 새로운 가풍을 창조하고 또 이어 갈 것으로 본다.

참고문헌

정구,『한강전서』, 경인문화사, 1978.
송기채 역, 국역『한강집』, 민족문화추진회.

경상북도·경북대 영남문화연구원,『경상북도 종가문화 연구』, 도서출판 동방, 2010.
성주문화원,『성주마을지』, 뿌리문화사, 1998.
윤천근,『남인 예학의 선구 정구』, 한국국학진흥원, 2006.
청주정씨대동보간행위원회,『청주정씨대동보』, 대보사, 2002.
한국국학진흥원 교육연수실,『전통의 맥을 잇는 종가문화』, 한국국학진흥원, 2008.
한국정신문화연구원,『한국민족문화대백과사전』, 1988.

김학수,「'寒岡(鄭逑)神道碑銘' 改定論議와 그 의미」,『朝鮮時代史學報』 42, 조선시대사학회, 2007.
_____,「정구 문학의 창작현장과 유적에 대한 연구」,『대동한문학』29, 대동한문학회, 2008.
_____,「鄭逑(1543-1620)의 학자·관료적 삶과 안동부사 재임」,『영남학』 17, 경북대학교 영남문화연구원, 2010.
_____,「조선중기 寒岡學派의 등장과 전개-門人錄을 중심으로-」,『한국학논집』, 계명대학교 한국학연구원, 2010.
_____,「船遊를 통해 본 洛江 연안지역 선비들의 집단의식-17세기 한려학인을 중심으로-」,『영남학』18, 경북대학교 영남문화연구원, 2010.
윤진영,「한강 정구의 유거 공간과《무흘구곡도》」,『정신문화연구』33, 한국학중앙연구원, 2010.

정우락, 「한강寒岡 정구鄭逑의 무흘정사武屹精舍 건립建立과 저술활동著述活動」, 『남명학연구』 28, 경상대학교 남명학연구소, 2009.
_____, 「18세기 후반 영남문단의 일 경향: 지애芝厓 정위의 가문의식」, 『남명학연구논총』 15, 남명학연구원, 2010.